最恐心霊スポット

〜ゾゾゾが体験した禁断の恐怖〜

日本文芸社

「ゾゾゾ」とは？

２０１８年６月１日にＹｏｕＴｕｂｅで突如始まった、ホラーエンターテインメントプログラム「ゾゾゾ」。高いクオリティと親しみやすいキャラクターが話題となり、瞬く間に心霊ホラー界が大注目する存在に上り詰めた、今最もホラー業界を賑わせている番組である。

番組を率いるのはディレクターである皆口、そしてメインパーソナリティを務める落合である。皆口は日本全国の心霊スポットを網羅したポータルサイトを作るという目標のもと、その過程を落合と撮影することを決める。撮影にあたり、落合と共に召集されたのは２人のメンバー、内田と長尾だ。彼らは、それぞれ別の仕事をしながら皆口の目指す目標に協力していくこととなるが、そこで彼らが目にしたものは、想像を絶するほどの恐怖と闇に支配されるものばかりであった。

殺人現場となった廃ホテル、心霊現象が多発する廃トンネル、ホラーゲームのモデルとなった廃村、見捨てられた廃神社、人体実験が噂される謎の廃施設、自殺者が後を絶たない橋、火災のあったストリップ劇場など…彼らか訪れた心霊スポットは、どれも危険と隣り合わせの激ヤバスポットばかりである。エンターテインメントでありながら、思わず目を背けたくなるような現象の数々は、ゾゾゾファンの心を掴んで離さない。

本書は、そんな彼らが実際に訪れた心霊スポットを、番組の情報をもとにまとめた指南書である。ゾゾゾを知っている方にとっては、これまで彼らが訪れた場所を振り返ることができ、ゾゾゾを知らない方にとっては、本書で事前知識を入れてから番組を楽しむことができる。

※なお、本書はゾゾゾのファーストシーズン全24話で訪れたスポットを収録したものである。

「ゾゾゾ」メンバー紹介

落合

01 OCHIAI

メインパーソナリティ。ゾゾゾ第1回配信から参加している。本業はWEB営業。皆口に半ば強引に誘われて心霊スポットを巡ることとなったが、オカルトの類はあまり信用していない。虫と暗いところが苦手である。動画内で歌うこともあり、お調子者の側面もある。心霊スポットを評価する5段階のゾゾゾポイントをつける役割を担っており、第9回放送で既婚者であることが判明した。かなりの汗かきで、夏場はほぼ毎日「ガツン、とみかん」を食べているらしい。好きなアニメは「シティーハンター」。

内田

02 UCHIDA

演出補・照明。ゾゾゾ第2回配信から参加している。本業は事務員。愛称は「まーくん」。メンバーの安全を第一に考え、足場の悪い場所では率先して先回りする熱い男だが、遅刻癖と忘れ癖があり皆口からはよく怒られている。心霊スポットではよく頭痛に見舞われることから、定期的にお祓いに行くようになった。かなりのオカルト好きで、稲◯淳二のモノマネが得意と豪語しているが、そのクオリティにはメンバーから疑問の声が上がっている。大のビール好きである。

長尾

03 NAGAO

スペシャルゲスト。ゾゾゾ第3回配信から参加している。本業はバーテンダー。愛称は「しょうちゃん」。青髪がトレードマークで、その見た目からは想像がつかないほど冷静沈着である。心霊写真とはなぜか縁が深いようで、彼の撮影によって撮れた奇妙な写真は多い。その撮影中に落合の私物のデジカメを故障させてしまったことがある。視聴者から募った心霊写真を紹介するゾゾゾのサブチャンネル「家賃の安い部屋」のメインパーソナリティも担っている。大好物はカップヌードルのシーフード味。

皆口

04 MINAGUCHI

ディレクター・カメラマン。全国の心霊スポットを網羅するポータルサイトの完成を目指し、ホラーエンターテインメントプログラム「ゾゾゾ」を立ち上げる。本業はWEBデザイナー。番組では撮れ高を第一に考え、納得が行くまで撮影を止めることはない。ホラーへの探究心は人一倍強く、自他共に認めるオカルトマニアである。かなりの酒好きで、酔うとカラオケに行きたがる。ちなみに十八番は敬愛するサザンオールスターズの「松田の子守唄」。

目次

第一章 東京編

第二章 埼玉編

第三章 千葉編

第四章 群馬編

第五章　関東その他のエリア編

ゾゾゾの恐怖を
追体験する――

ゾゾゾにすっかり魅了された視聴者たち、まだゾゾゾの映像に触れたことがない未来の視聴者たち、本書はそのどちらにも向けて、彼らが体験した恐怖の数々をまとめたものである。映像や音声、残留物…。それらに宿る様々な怪奇現象や禍々しい痕跡を、彼らの体験とともに味わって欲しい。きっと、ページをめくるごとに、異世界の扉が開かれていくような感覚を味わってもらえるはずだ。さあ、ゾゾゾとともに怪奇と恐怖の旅に出かけよう。

※本書は探索や肝試しを推奨するものではありません。所有者や管理者、近隣住民の方々に迷惑となる行為は慎まれるようお願い致します。

第一章

東京編

EPISODE 1

石神井公園

女の霊が徘徊する都心の公園

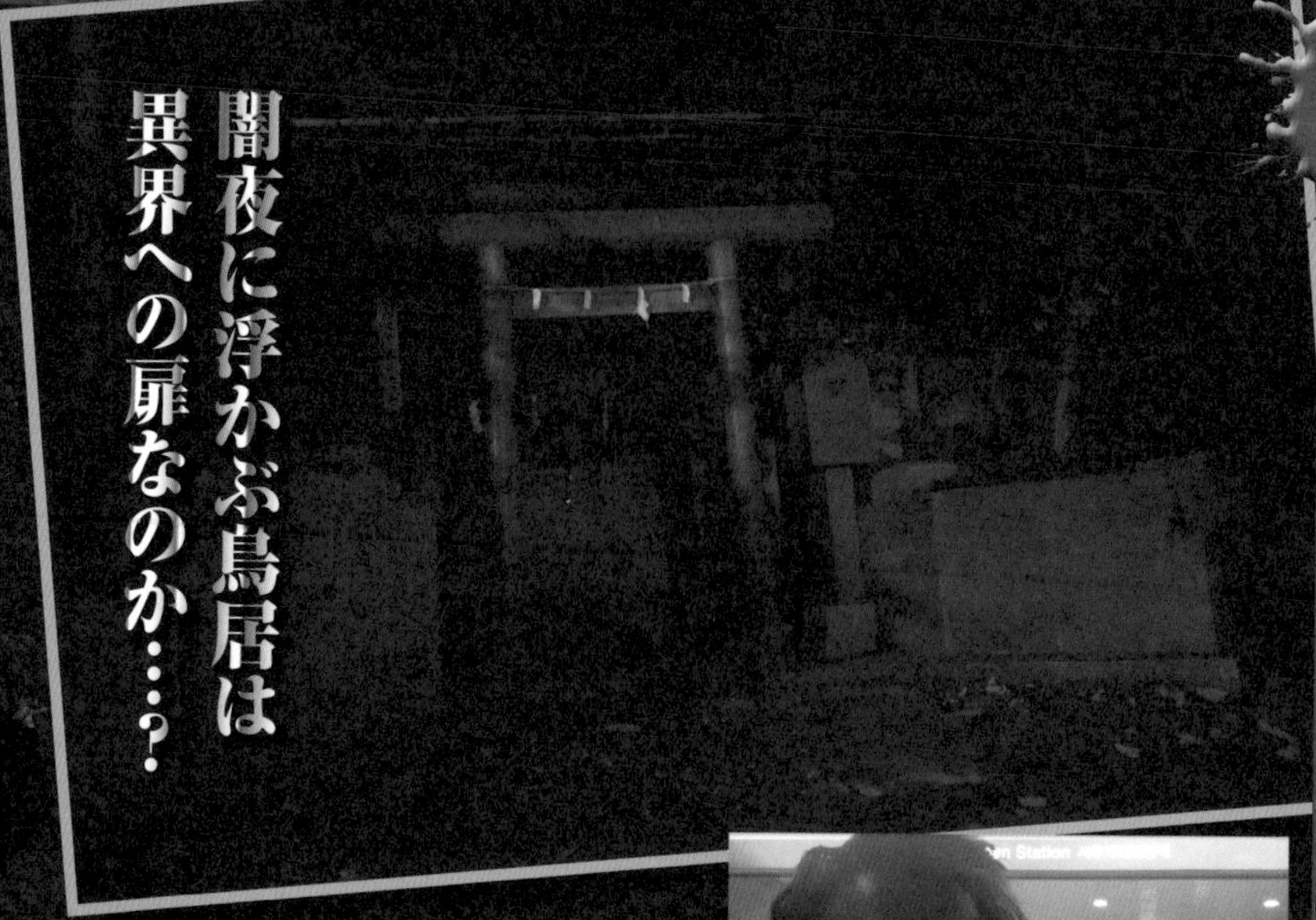

闇夜に浮かぶ鳥居は異界への扉なのか…？

閑静な公園の雰囲気にはそぐわない鳥居が、突如として現れる。この公園には、このような場所が各所に建てられている。

仕事終わりにディレクター皆口に呼び出された落合。恐怖をたずねる旅が、ここから始まる。

インフォメーション

石神井公園（東京都練馬区）

怪異情報：その昔、ある武将の娘がこの公園内にある三宝寺池に身投げしたといわれ、女性の霊の目撃情報があとを絶たない。

水面に現れる女性の霊のうわさ

全国の心霊スポットをまとめたポータルサイトを作り、その取材過程をネット番組化する目的で、ディレクターの皆口に呼び出された落合。番組のホストとして、彼が今回探索することになったのは、都内の閑静な住宅街にある石神井公園。この公園は、一部のホラーマニアの間では、夜になると女性の霊が目撃される心霊スポットとして知られている。一行が実際に訪れると、街灯が少なく、そこかしこに暗がりのある不気味な雰囲気。恐る恐る歩みを進めていくと、突如、眼前に鳥居が浮かび上がる。今回の探索では3柱の神社を目にしたのだが、なぜ、これだけの社が建てられているのだろうか？　しかも、そのうちの1つには、祠の後ろの木に目的が不明な物が打ちつけられていた。何者かが残した呪物なのだろうか？　その後、心霊スポットである三宝寺池にたどり着き、今回の探索を終えた。ちなみにこの池は、過去にワニ騒動が起きた場所としても知られている。

園内には、不自然と思えるほど多くの社が鎮座している。この公園を徘徊するといわれる霊を鎮めるためか?

三宝寺池へと続く道。1つも街灯がなく、行く手を阻むような暗闇が眼前に広がる。

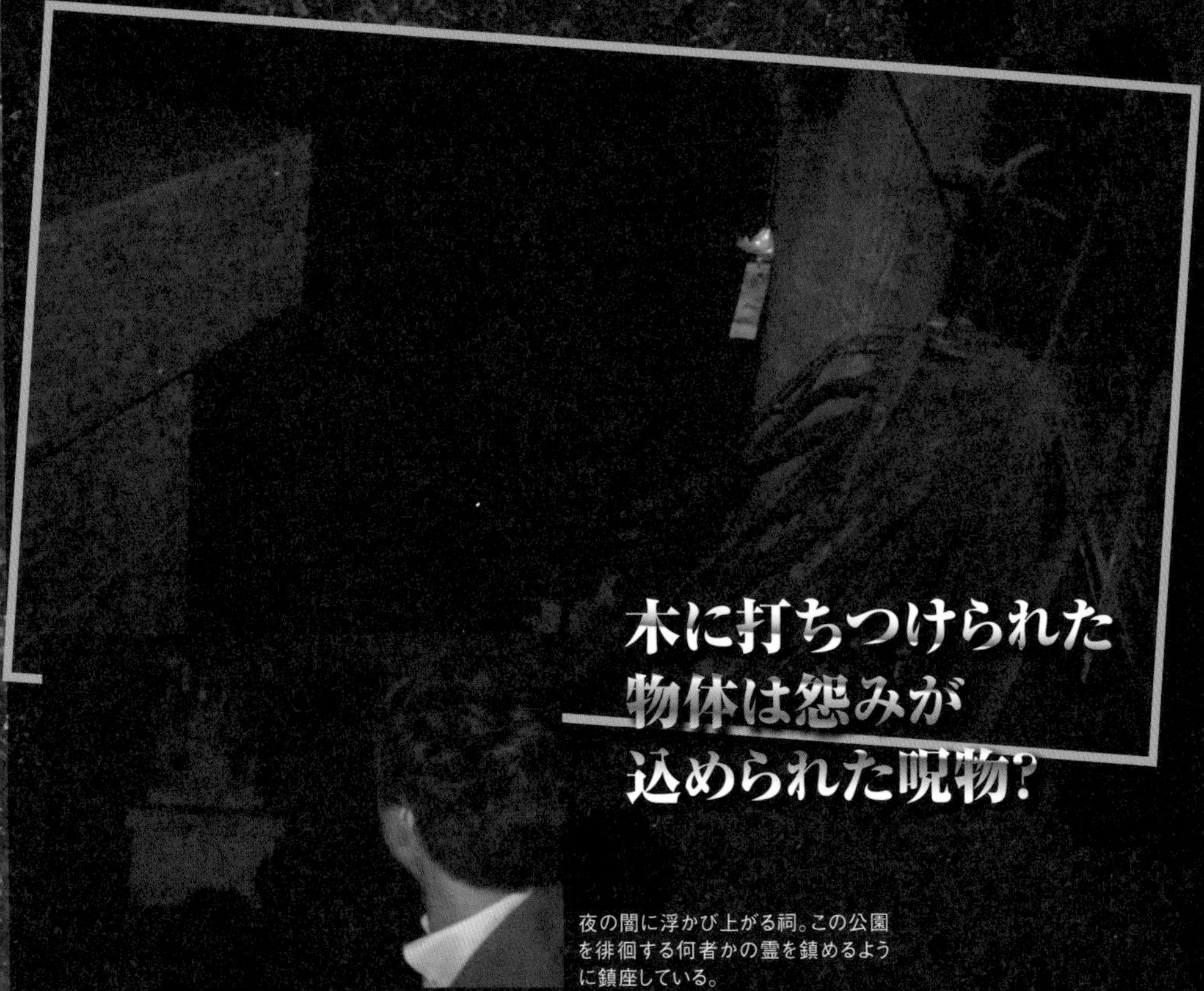

木に打ちつけられた物体は怨みが込められた呪物?

夜の闇に浮かび上がる祠。この公園を徘徊する何者かの霊を鎮めるように鎮座している。

ゾゾゾッ

ゾゾゾポイント 3.5

公園全体が薄暗くて、なぜか鳥居がいっぱいあって雰囲気はかなり怖い。

EPISODE 2

将門の首塚

千年の時を超える怨霊

現代でも畏怖される怨霊の代名詞

周囲のビジネス街の喧騒が嘘のように静まり返った首塚敷地内。参拝客の足は途絶えない。

怨霊の存在を検証するために首塚の前で撮影。落合の表情も心なしかこわばっている。

今回から参加するスタッフ内田。様々な霊障を負うハメになるが、それは初回でも同じ。

インフォメーション

将門の首塚（東京都千代田区）

怪異情報：崇徳天皇、菅原道真と並ぶ日本三大怨霊に数えられる。取り壊し工事で事故が多発するなど、現代でもその祟りが息づいている。

写真に写っていたものは怨霊・将門の腕なのか？

2回目に選ばれた心霊スポットは、日本で最も有名な怨霊の1人である平将門が祀られている将門の首塚。東京のビジネス街の中心地に鎮座し、周囲をビルに囲まれながらも、この一角は周囲の喧騒をよそに、静謐な雰囲気に包まれている。関東大震災後、大蔵省の仮庁舎再建のために取り壊された際、工事関係者や担当閣僚の不審死が続き、仮庁舎が取り壊されることになったエピソードはつとに有名である。

この日は、メインパーソナリティ役の落合に加え、演出補として内田が初めて参加することになった。閑散としながらも参拝客の足が途絶えない首塚を前にして、緊張の面持ちで検証のために撮影をする落合だったが、何も起こらず。続いて、内田が撮影に望んだが、インスタ映えを意識してかパーティー乗りで撮影を行ったところ、写真には正体不明の手のようなものが…。まさかの心霊現象に恐れおののく内田をよそに、この日の捜索は終了した。

オレンジ色の手のようなものが画面に広がる。敬意を失した行いに対する将門の報復なのだろうか?

嗤う者を冥界へ誘う怨霊の手

アップにすると、より内田の浮かれ具合が際立つ。将門ならずとも、逆鱗に触れるには十分だろう。

インスタ映えのために、はしゃぎながら首塚で撮影を行う内田。この直後に起こることを想像できただろうか?

ゾ ゾゾゾポイント 1.0

俺は特に悪いことをしていないし、1かな。
※編注:後ろで深々と頭を下げる内田。

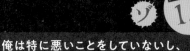

EPISODE 3

幽霊ホテル

繁華街のビジネスホテルは幽霊の巣窟!?

「着替えがないもん」。そう渋る落合に対して、周到なスタッフは着替えのパンツを用意（股間を強調）。

寝室に設置された謎の鏡は あの世とこの世の境界線？

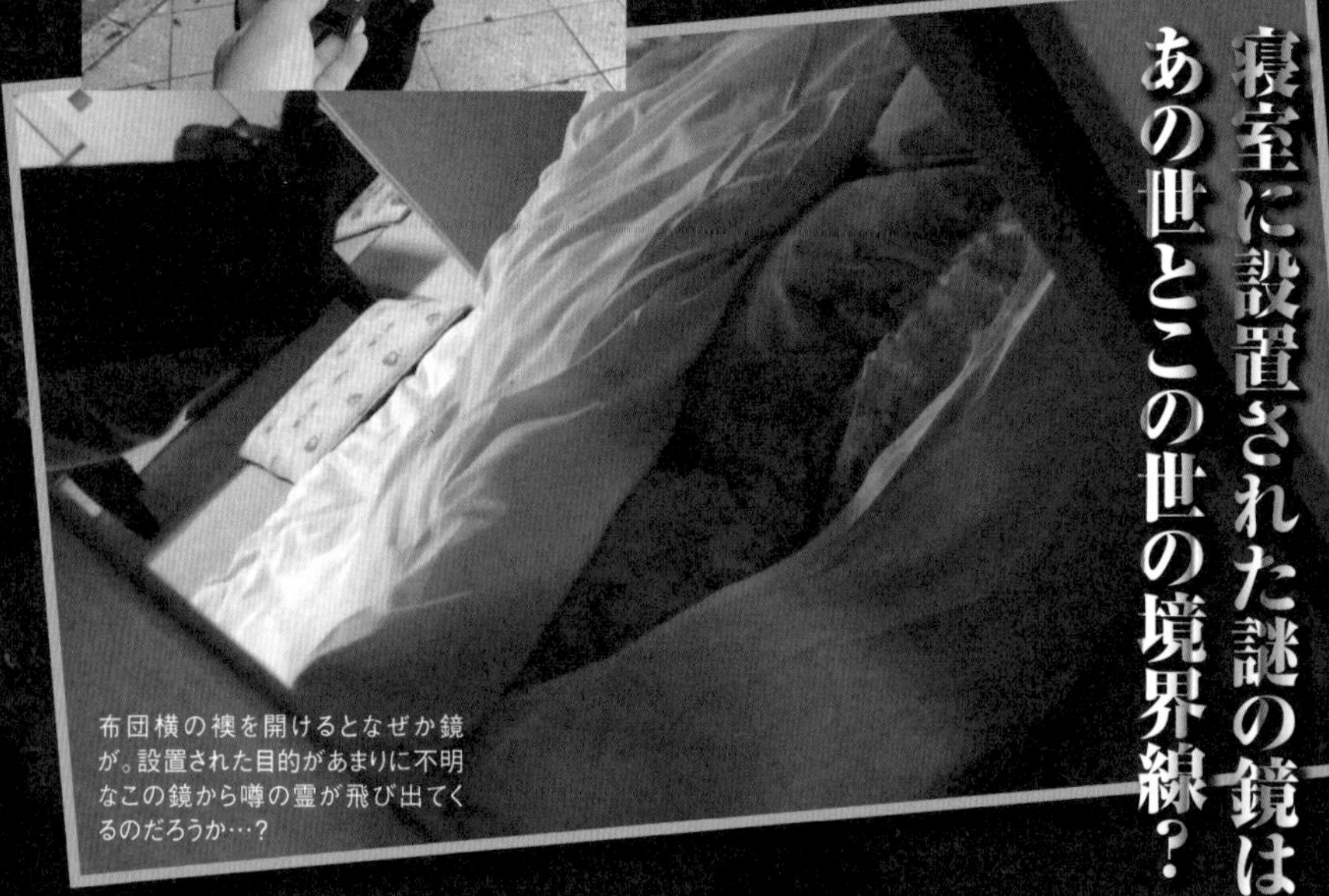

布団横の襖を開けるとなぜか鏡が。設置された目的があまりに不明なこの鏡から噂の霊が飛び出てくるのだろうか…？

インフォメーション

幽霊ホテル（東京都新宿区）

怪異情報：現在も営業中のビジネスホテル。建物自体はかなり古く、財布にやさしい価格設定。地元では、泊まると女性の霊が出るともっぱらの噂。

落合（だけ）に起こる心霊現象の数々

落合の帰宅を待ち伏せしていたディレクター皆口。今回の目的は、日本を代表する繁華街・歌舞伎町にある幽霊が現れると噂されるビジネスホテル。嫌がる落合を問答無用でロケに連行し、番組初のお泊り検証企画がスタート。客室にカメラ持参でチェックインした落合。定点カメラを設置し、室内のリポートを始める。全体的に古びて不気味な印象を醸し出す室内に、早くも落合のテンションはガタ落ち。とくに襖で隠された鏡が不気味な雰囲気を醸し出す。

一方、画的には地味な展開が続くロケに、不安が募るスタッフ2名が策を講じる。水に霊がよってくるという噂に従い、落合が風呂に入っている間に着替えのパンツ（股間強調）を濡らしたところ、落合はパニックに。このことに味を占めた2人、こっそり部屋を消灯したり、就寝中の落合に怖い話をしたりと、番組の趣旨は大きく変化。最後は霊障対策という名目で、眠る落合の顔にお札を書いて検証は終了。

入浴中、よりにもよってパンツをズブ濡れにする内田。この後、落合は軽いパニック状態に。

突然消える部屋の明かり。突然の怪奇現象（スタッフのいたずら）に、落合の表情に緊張が走る。

就寝中の落合の顔に、お札の文様（落書）を施す内田。検証を無事に終えられたのは、このおかげなのだろうか？

霊障を防ぐために
顔に施された破邪のお札

ゾゾゾッ

ゾゾゾポイント

3.5

いくつかおかしな現象が起きたんで、何かしらはあると思います。
※全部スタッフのいたずら

EPISODE 4

ダ●●ナ研究所

謎の施設で行われた恐怖の実験

外界と隔絶された
研究施設の中へ…

入り口にはバリケードが設置され厳重にロックされている。この施設内には見られたくない秘密があるのか?

道なき道を草木を掻き分けながら進むと、唐突に視界が開け研究所が姿を現す。

放置された施設内は、侵入者の行く手をさえぎるように草木が生い茂っている。

インフォメーション

ダ●●ナ研究所（都内近郊某所）

怪異情報：かつては結婚式場だった施設を大学、研究施設に改装したといわれ、表には出せない実験が行われていたという噂も…。

恐怖の人体実験が行われていた廃墟

今回ゾゾが探索するのは、恐ろしい噂が絶えない東京通勤圏内にある廃施設、通称〝ダ●●ナ研究所〟だ。

この場所は、他のスポットとは一線を画す。というのも、ここでは過去に人体実験が行われていたと噂されているのだ。元々は結婚式場として使われていたが、後にとある団体が大学兼研究施設として施設を改修。現在の姿になったのだとか。

入り口は異様な空気に包まれている。独特の物々しい雰囲気に、メンバーの表情にも強い緊張が見て取れる。彼らが敷地内へと入ると、手入れをされていない植物群が、うっそうと生い茂っている。奥へと進むと、そこには大学と呼ぶには少々手狭な建物が視界に入る。そして、建物の玄関も板で厳重に閉ざされていた。過去に侵入した者が残した穴を頼りに、建物内部へと潜入。雑然としたエントランスで、落合・皆口と長尾・内田の二手に分かれて探索は始まった。

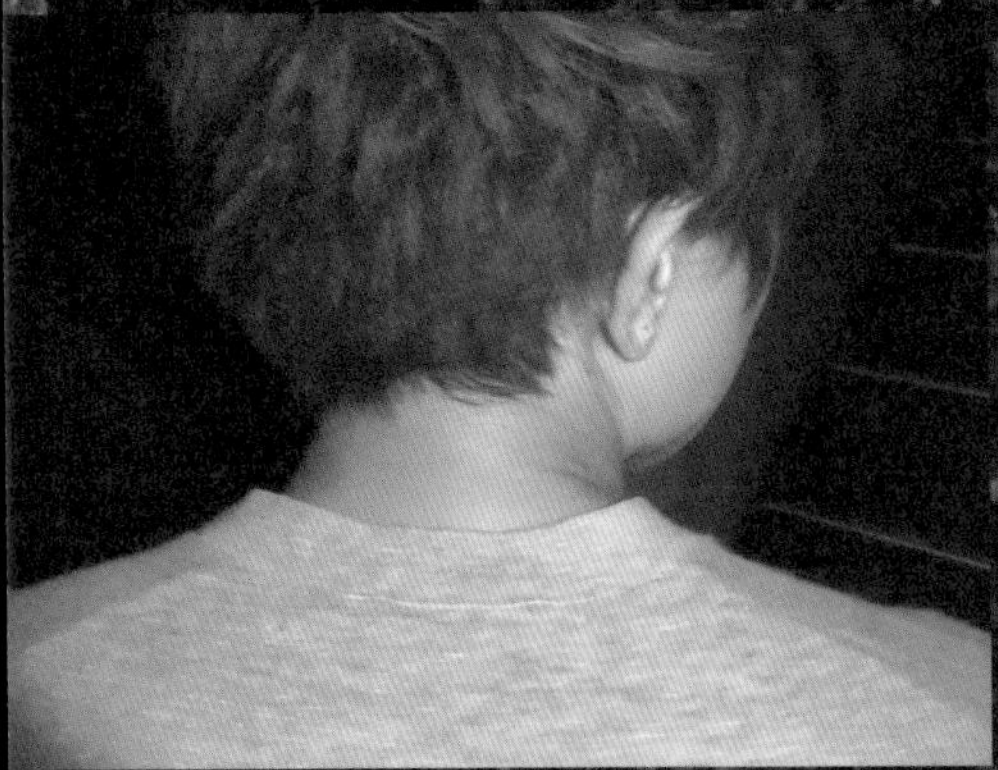

施設をくまなく探索するため、落合・皆口、長尾・内田の2組に分かれて調査を開始。

エントランスにも板を張りめぐらし、厳重にロックされている。しかし、過去に進入した者によって破られている。

うずたかく積まれた過去の残骸

長尾・内田が発見した書籍の山。大学として活動していた時代の名残だろうか。無造作に打ち捨てられている。

「関係者以外立ち入り禁止」なぜ厳重に閉鎖するのか？

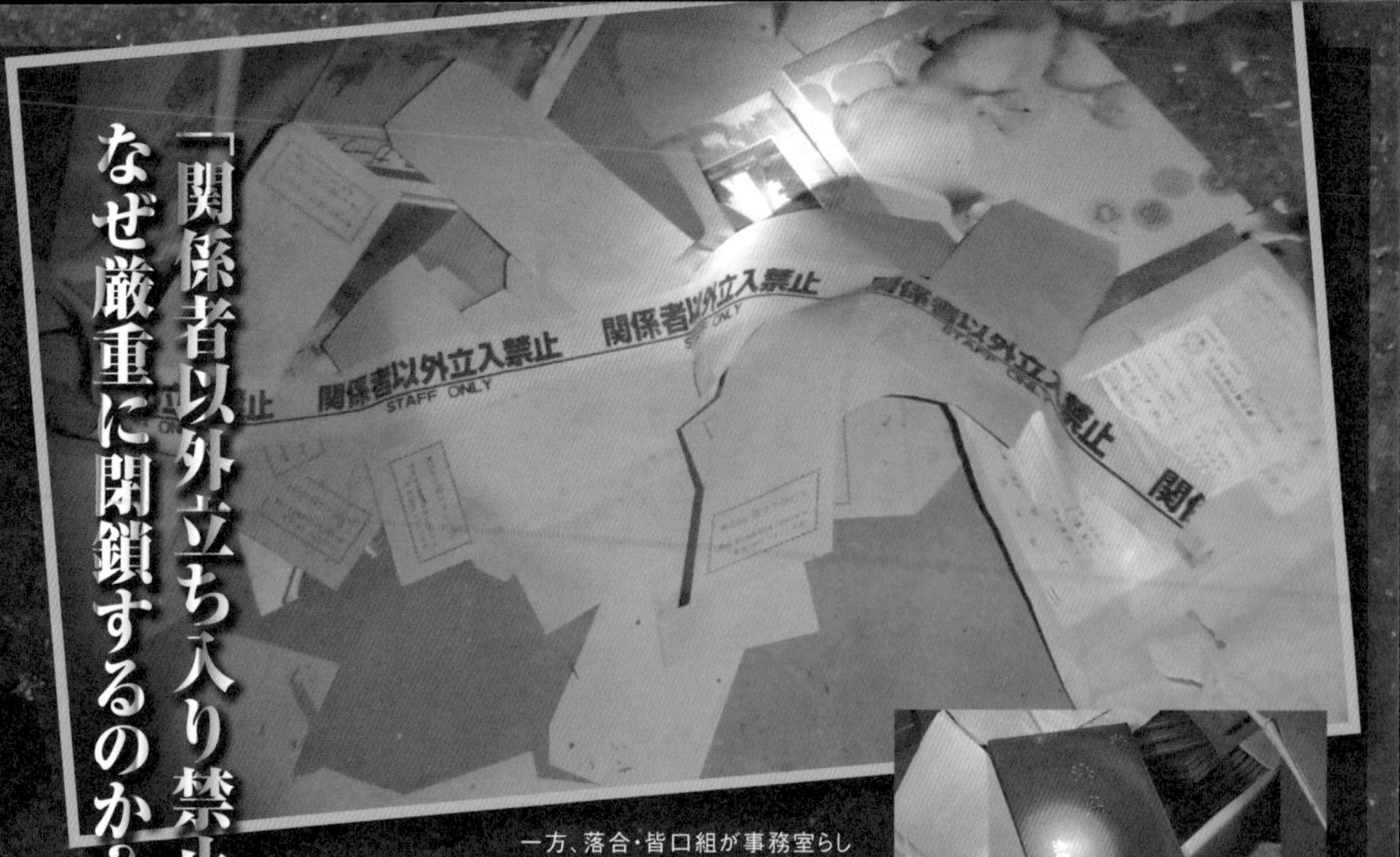

一方、落合・皆口組が事務室らしき場所を捜索していると、なぜかロックダウン用のテープが。ここまで厳重に閉鎖する理由とは？

学校施設のはずだが、なぜか宗教団体の冊子を大量に発見。大学は隠れ蓑で、実際は宗教団体の施設だった？

心霊現象の検証のため、内田がひとり残り状況をリポート。すると、様子が一変し早々に逃げ帰ってきた。

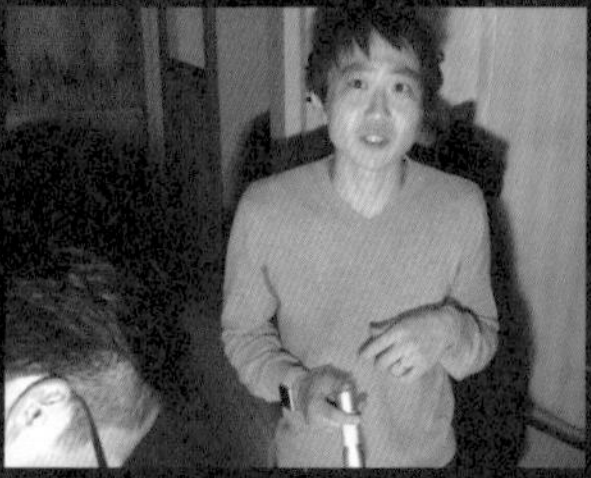

合流し、お互いの状況を整理。立ち入り禁止のテープ、宗教団体の冊子…この施設の闇の深さに驚愕するメンバー。

おぞましい噂の証拠を次々に発見

探索を開始して早々に、長尾・内田組が山積されている書籍を発見。教室と思しき一室には、整理をされないまま散乱する書籍が山積されており、大学として運営されていた当時の面影が感じられる。

一方、別の階を探索する落合・皆口組は、事務室と思われる一室へと歩みを進める。床に散乱する伝票類などをかき分けて探索を進めると、プラスチック容器を見つける。そこには「人体実験」と書かれていた…。

この場所についてささやかれる噂を裏づける証拠を発見し、身震いする落合と皆口。彼らの捜索は、いよいよおぞましい真実へと肉薄していく。

ときを同じくして、長尾・内田も不審な残留物を発見。とある宗教団体の冊子が大量に捨てられていたのだ。大学になぜ？　ここで長尾が恐ろしい推測をする。「大学はカルト教団の隠れ蓑だったのでは？　〝サティアン〟のような…」。長尾・内田もまた、この施設にまつわる噂が、事実であったという確信を深めていった。

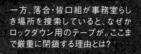

教室らしき部屋であるにも関わらず、なぜかベッドが置かれている。まるで誰かを監禁するかのように。

メンバー全員で改めて現場を確認。内田によると、人の声がしたのだという。

その部屋の隣には、宿直室のような部屋も発見された。やはりこの場所では監禁が行われていたのだろうか?

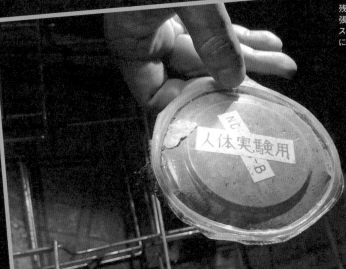

残留物を調べていた皆口に緊張が走る。「人体実験」。プラスチック容器の蓋のような物体に、そう書かれていた…。

監禁室から発見された衝撃の残留物

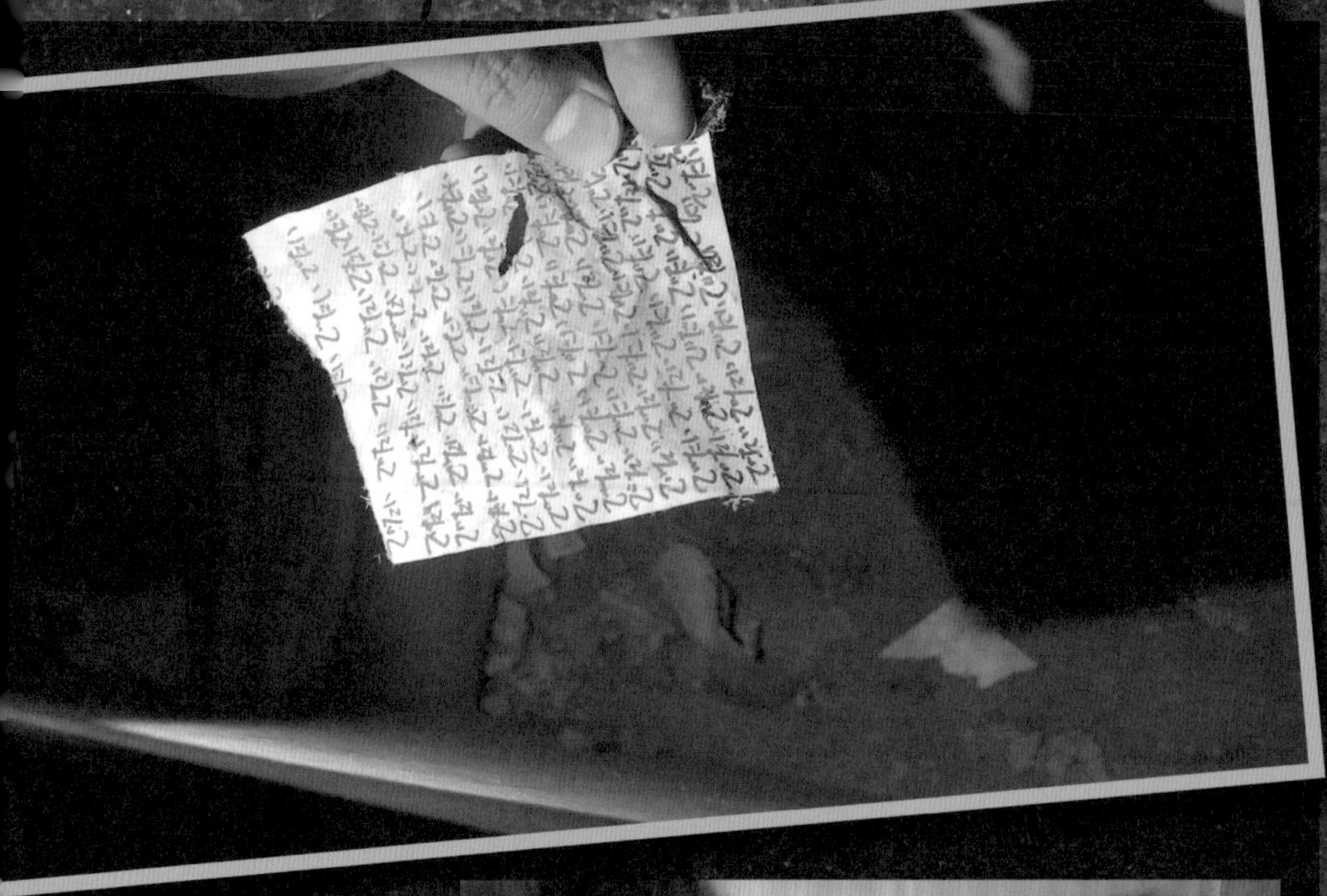

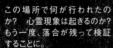

ベッドの周辺を調べていたら衝撃の残骸が。紙一面に「でたい」と書き殴られていた。メンバーに戦慄が走る。

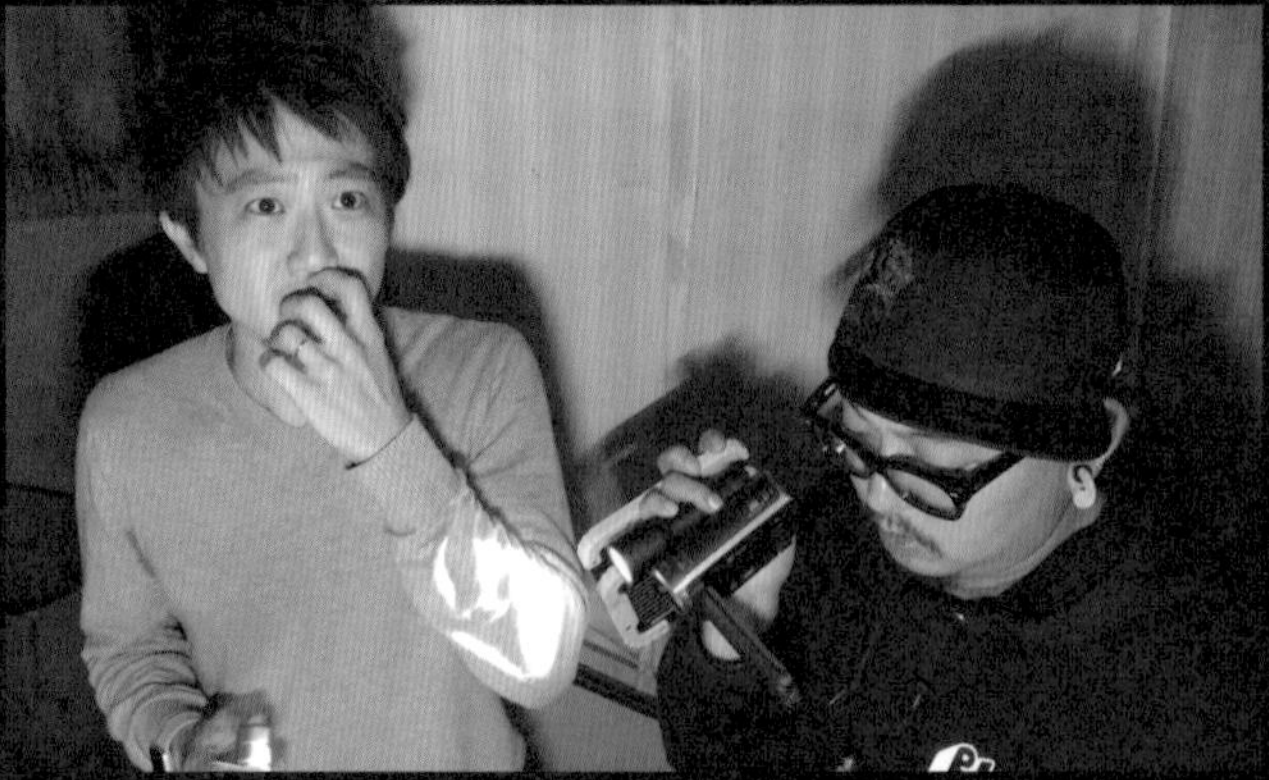

この場所で何が行われたのか？　心霊現象は起きるのか？　もう一度、落合が残って検証することに。

声が聴こえたというベッドを入念に調査するゾゾゾメンバー。

検証中、ベッドのあたりから人の声を聴いた落合。若い女性の声が聴こえたらしい。

ベッドをどかして、例の紙片を発見

ベッドの下を探索するためにベッドをどかすと、堆積したゴミの中に、例の紙片が埋もれていた。

見つかった紙片は2つ。もう一方には、暗号のような数字とアルファベットが羅列されていた。

施設のただならぬ雰囲気に危機を感じたメンバーは、早々にこの場を退散した。

この場所に囚われていた者の魂の絶叫が刻印された紙片

ゾゾゾゾゾ ゾゾゾポイント 4.5

あの紙きれは…
ヤバイし、キツイよね

悲劇の被害者が残した物的証拠を発見!?

落合と皆口がさらに探索を進めると、ベッドが捨てられている一室へとたどり着いた。

その部屋の対面には、宿直室のような部屋も発見された。これは監禁部屋と監視室の名残だろうか？

ここで、恒例の検証実験を行うことに。その白羽の矢が立ったのは内田だった。ひとり残り検証を開始した直後、逃げ戻ってくる内田。「声が聞こえた」。落合が検証しても同様の事態が発生し、メンバー全員で部屋の探索を開始。声が聞こえてきたというベッド付近を調べていると、その下から、紙片が出てきた。そこには「でたい」という文字がびっしりと書き込まれていた…。人体実験の被害者が残したメモの一部だろうか。ベッドの下からは、さらに暗号と思われる数字とアルファベットが書き込まれた紙片が発見された。

もちろん、これらの物証は何者かが残したいたずらの可能性もある。いや、むしろそうであって欲しい。複雑な思いを胸に、メンバーはこの場所を後にした。

都内20ヶ所

心霊スポット行脚

心霊スポットをディープに探索するのがゾゾゾの魅力だが、このペースだと全国の心霊スポットを網羅するのに20年以上かかってしまう。ということで、都内と近郊の有名心霊スポットを駆け足でめぐった。

ZOZOZO HAUNTED PLACE 01

千駄ヶ谷トンネル

ゾゾゾポイント 2 ゾゾ

東京都では有名な心霊トンネル。墓地の下に作られたトンネルは現在も使われており、車で走行中に女性の霊が出る、フロントガラスに手形が付くといった現象が噂されている。

ZOZOZO HAUNTED PLACE 02

白金トンネル

ゾゾゾポイント 1 ゾ

事故多発地帯として知られ、過去にあった研究所で動物・人体実験が行われていたことに起因する霊障が、その原因だという説がある。また処刑場跡に建てられたという噂も。

ZOZOZO HAUNTED PLACE 03

東京タワー

ゾゾゾポイント 0.5

東京のシンボルとして知られる東京タワーは、かつて増上寺の敷地にあった墓地の上に建造されたと言われている。それと関係しているかは不明だが、霊の目撃が後を絶たない。

雑司が谷霊園

ZOZOZO HAUNTED PLACE 04

ゾゾゾポイント 1.5

歴史上の著名人の墓所で有名な一方、「敷地内での自殺が後を絶たない」「無縁仏付近で金縛りに遭う」などの噂がある。また、人魂や並ぶ生首などの怪奇現象も目撃されている。

ZOZOZO HAUNTED PLACE 05

青山霊園

ゾゾゾポイント 1.5

歴史のある由緒正しい霊園であるが、心霊スポットとしての知名度も高く、空中に浮かぶ人影、女性の霊、異世界へ迷い込むなど、様々な怪奇現象の噂がある。

ZOZOZO HAUNTED PLACE 06

鈴ヶ森刑場

ゾゾゾポイント 1

開設から閉鎖されるまでの220年間で、およそ10～20万人が処刑されたといわれる刑場跡。深夜に罪人の霊が現れるなど、心霊現象が多発する場所として知られている。

ZOZOZO HAUNTED PLACE 07

江北橋

ゾゾゾポイント 1

事故が頻発し照明の増設や御祓を行った。それ以来、心霊スポットして噂され、女性の霊の目撃情報が報告されたり、道路が歪曲して見えるという怪奇現象が発生している。

ZOZOZO HAUNTED PLACE 08

くらやみ坂

ゾゾゾポイント 1

近場に刑場跡があり、真夜中に空を飛ぶ生首が目撃されるなど、罪人の霊が出没する噂が絶えない。また、この坂を通る人に祟りをなすとも言われる神奈川の有名スポット。

ZOZOZO HAUNTED PLACE 09

腹切りやぐら

ゾゾゾポイント 1

北条高時を筆頭に一族870人が自刃した歴史的事件が由来となって、この一帯を通ると気分が悪くなったり、落ち武者の霊が目撃されるなど、心霊現象が報告されている。

ZOZOZO HAUNTED PLACE 10

山神トンネル

ゾゾゾポイント3.5

「トンネル付近で女性が殺害された」「肝試し中に行方不明者が出た」「神隠しに遭う」など、怪奇現象にまつわる噂が絶えず、地元民はあまり近づかないトンネルとして知られる。

ZOZOZO HAUNTED PLACE 11

八王子城跡

ゾゾゾポイント3.5

落城の際、1000人以上の犠牲を出したという史実で知られ、心霊写真が撮影されたり、いないはずの場所に人の気配がするなど、心霊現象の噂は後を絶たない。

ZOZOZO HAUNTED PLACE 12

八王子トンネル

ゾゾゾポイント4

八王子トンネルと呼ばれる心霊スポットは複数存在する。このトンネルは、近くの霊園に通そうとする工事中に事故が発生したと噂されている。心霊写真の撮影スポットとして有名。

ZOZOZO HAUNTED PLACE 13

上柚木公園・山吹橋

ゾゾゾポイント1

かつてここでは「自殺者が出た」という噂があり、また公園の向かいにある小学校前でひき逃げ事故が起きたという過去もあることから、霊の目撃情報が数多く存在する。

ZOZOZO HAUNTED PLACE 14

旧小峰トンネル

ゾゾゾポイント4

都内近郊の心霊スポットでも、霊現象が起きやすい場所として知られる廃トンネル。東京・埼玉連続幼女誘拐殺人事件の現場になったという噂が広がり有名になった。

ZOZOZO HAUNTED PLACE 15

たっちゃん池

ゾゾゾポイント3

正式名称は宅部池。夜中になると池の水面から白い手が現れるという目撃情報が非常に多い。かつて、たっちゃんと呼ばれる少年と彼を助けようとした青年2人が溺死した事件が原因とされる。

ZOZOZO HAUNTED PLACE 16

八坂神社

ゾゾゾポイント3.5

ご神木に丑の刻参りの釘の跡が残っていたり、心霊写真がよく撮れるという噂が絶えない。地元では有名な肝試しスポットとなっている。

ZOZOZO HAUNTED PLACE 17

東武東上線 魔の踏み切り

ゾゾゾポイント3

東武東上線魔の踏切。人身事故の多さで知られる東武東上線の中でも、ふじみ野市にある小さいこの踏切は、人を引き込む魔の踏切と恐れられ、青い照明が設置されている。

ZOZOZO HAUNTED PLACE 18

秋ヶ瀬公園

ゾゾゾポイント2.5

日暮れに森の小道を歩くと、首吊り自殺をした霊と遭遇する。深夜、駐車場内を動き回る、青白い影が目撃されるなど、幽霊の目撃情報が多数報告されている。

薬師堂のマキ

ZOZOZO HAUNTED PLACE 19

ゾゾゾポイント 0.0（暫定）

とくに噂はないのだが、なぜかGoogleマップでは心霊スポットとして表示される。P42に、メンバーによる詳細な探索の様子を掲載している。

※編注:この木は「心霊スポット行脚」の取材時に撮影されたもので、実際の木とは別物です。

ZOZOZO HAUNTED PLACE 20

中村精神病院

ゾゾゾポイント –

東京近郊の廃病院の中でも、とくにその名を知られた存在…だったのだが、ゾゾゾが訪れたときにはすでに取り壊された後だった。

第二章

埼玉編

EPISODE 5

畑トンネル

霊の気配が満ち溢れる最恐スポット

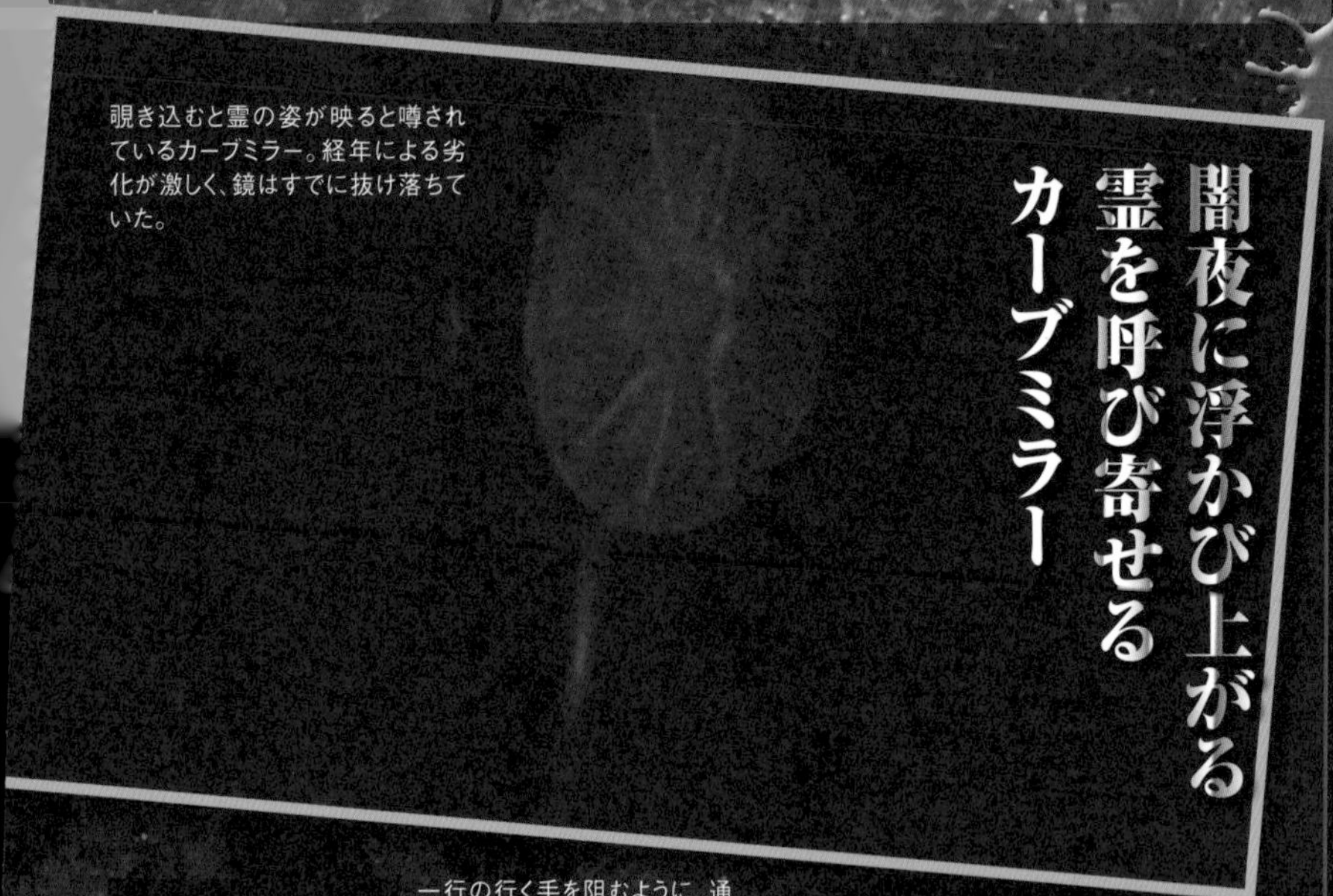

闇夜に浮かび上がる霊を呼び寄せるカーブミラー

覗き込むと霊の姿が映ると噂されているカーブミラー。経年による劣化が激しく、鏡はすでに抜け落ちていた。

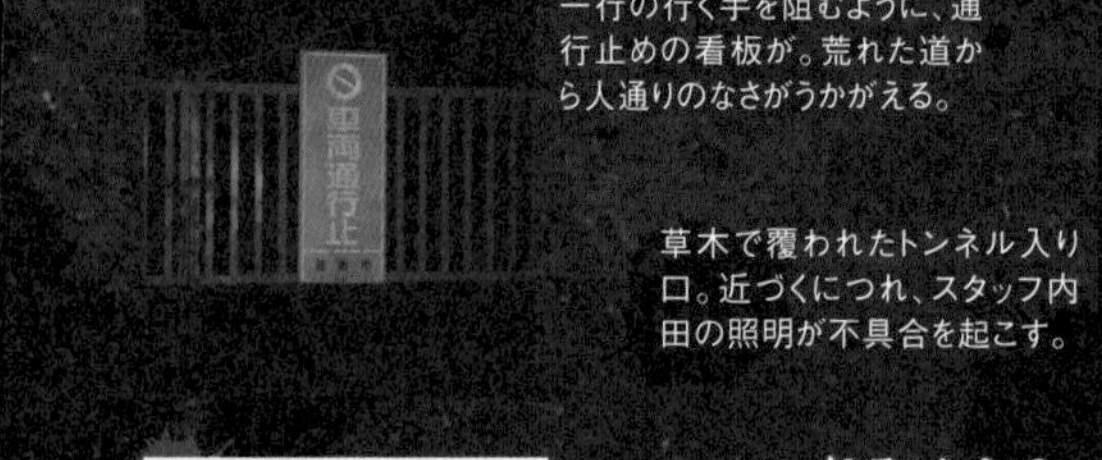

一行の行く手を阻むように、通行止めの看板が。荒れた道から人通りのなさがうかがえる。

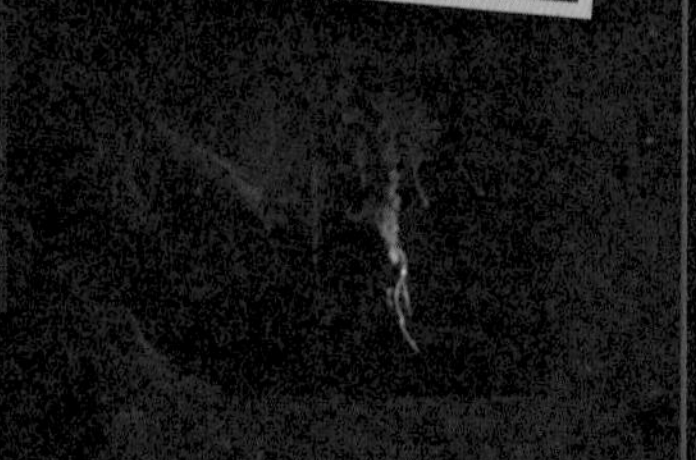

草木で覆われたトンネル入り口。近づくにつれ、スタッフ内田の照明が不具合を起こす。

インフォメーション

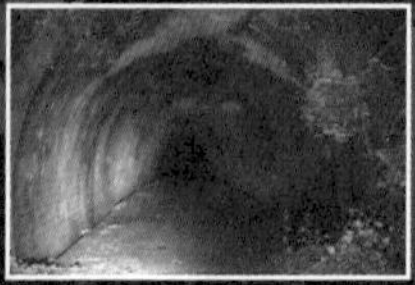

畑トンネル（埼玉県飯能市）

怪異情報：人面犬発祥の地として知られ、老婆や母娘の霊が目撃されている。「肝試ししたら無事に帰られる気がしないスポット」ランキングで毎年上位にランクイン。

有名心霊スポットで謎の現象が多発

集合場所には、なぜか落合ではなく青い髪の謎の青年が立っていた。彼こそ、後に番組の看板キャラとなる長尾である。一方の落合は、すでにトンネル入り口にいるとのこと。一行が入り口へと向かう道中、カーブミラーを発見。鏡が抜け落ちた姿が、これから起こる恐怖を物語るようだ。落合と合流した一行は、いよいよトンネル内へと潜入。レンガ造りのトンネルには、一般的な心霊スポットに見られるゴミや落書きが見られなかった。長尾曰く「稲川淳二さんによると、本当にヤバい場所にはゴミが落ちていない」とのこと。ますます不気味さを増していくなか、落合に与えられたミッションは、トンネルの出口にペンギン人形を置いてくること。唐突なバラエティ演出に不満を漏らしながらもミッションを遂行していたら、突然落合が取り乱した。彼によると、人らしき姿を目撃したとのこと。その後、内田・長尾コンビがペンギン人形を回収し、早々にこの場を退散した。

漆黒の闇に包まれながら無慈悲なドッキリを遂行

置かれたペンギンの回収に内田と長尾が向かう。途中、長尾のドッキリなどもありつつ探索は終了。

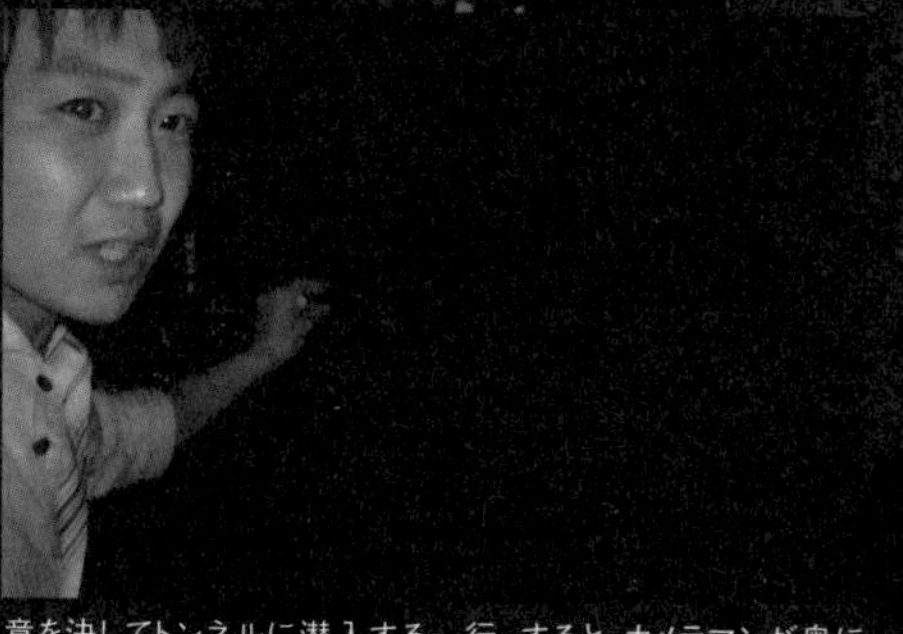

意を決してトンネルに潜入する一行。すると、カメラマンが奥に人の気配を感じた。その正体は果たして…？

落合がトンネル出口付近にペンギンを置いたそのとき、人らしき姿を見た落合がパニックに陥る。安全のため、一行はトンネルから退避した。

ゾゾポイント 5

ここマジで恐い。1つだけ言うけど、マジでオススメしない。

EPISODE 6

岳集落

SIREN

羽生蛇村のロケ地で怪異が発生

来訪者たちを出迎える地蔵たちのうつろな視線

熊撃退スプレーを使ったひとネタなど、冒頭の時点ではまだ余裕があったのだが…。

山道を進んで15〜20分ほどすると、かつての集落の面影が姿を見せ始める。

人気ホラーゲームのモデルとなった廃村で…

プレイステーション2で人気を博し、現在でもゲームファンの記憶に残る傑作ホラーゲーム「SIREN」。日本の原風景的な村落で繰り広げられる惨劇を、ゲームとして楽しんだ人も多いことだろう。しかし、その舞台となった「羽生蛇村」に実在のモデルがあったことを知る人は、果たしてどれくらいいるだろうか。そのモデルとなった地こそ、今回ゾゾゾが探索する埼玉県秩父市の山岳エリアにある廃集落、通称「岳集落」だ。ゾゾゾは、この知る人ぞ知る集落で、前代未聞の恐怖を体験することになる。

探索範囲が広範になることが予想されるため、落合、演出補・内田、ディレクター・皆口に加え、スペシャルゲストの長尾が参加し、集落内を二手に分かれて探索する作戦を立てたゾゾゾ。山道を15分ほど歩くと、一行が廃集落のエリア内に入ったことを示すように地蔵たちと遭遇。そこには地獄の亡者を救うとされる馬頭観音が朽ち果てた姿で佇んでいた。

旅人を出迎えるように並ぶ地蔵たち。地蔵の古さと不釣合いな、真新しい衣装が目を引く。

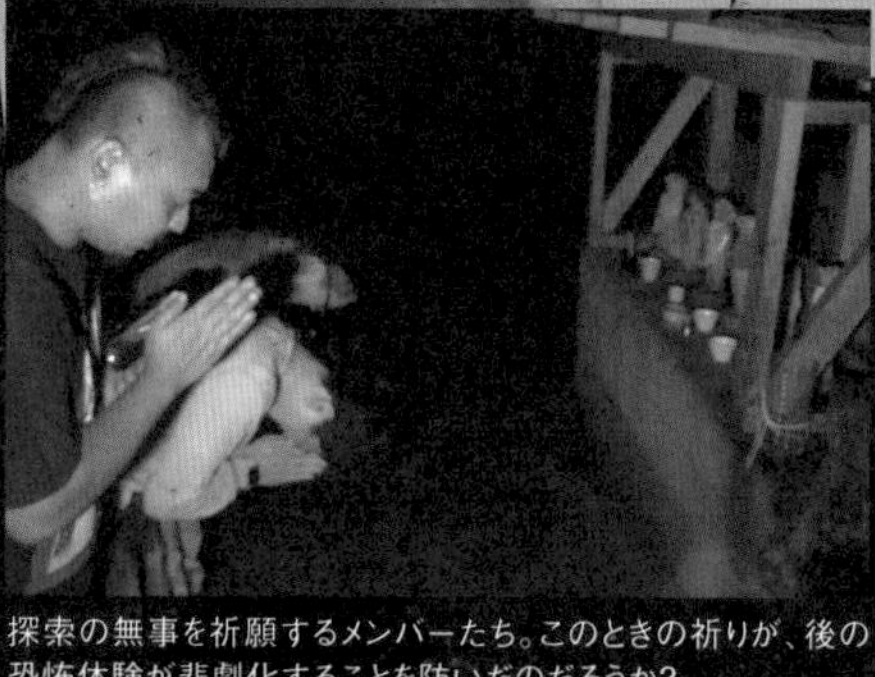

探索の無事を祈願するメンバーたち。このときの祈りが、後の恐怖体験が悲劇化することを防いだのだろうか?

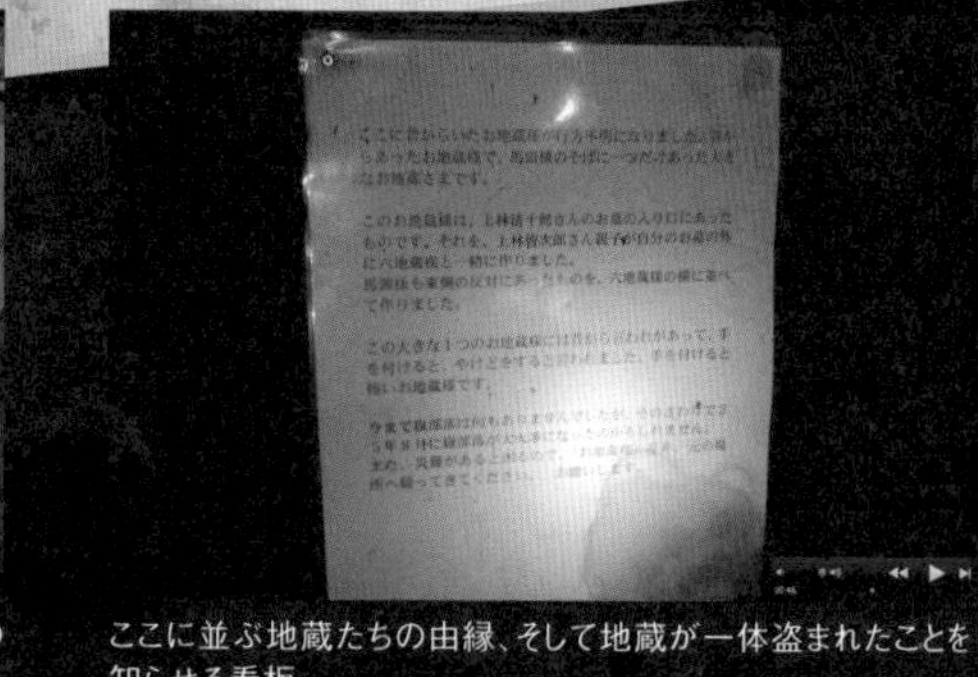

ここに並ぶ地蔵たちの由縁、そして地蔵が一体盗まれたことを知らせる看板。

インフォメーション

岳集落（埼玉県秩父市）

怪異情報：秩父山系にある廃集落。人気ホラーゲーム「SIREN」に登場する村落「羽生蛇村」のモデルといわれている。

よそ者を監視するように佇む、朽ち果てた墓石

集落に侵入する不届き者を威嚇するように、闇夜に浮かび上がる墓石。人々が去った後も、この地に残された故人たちの想いを物語るようだ。

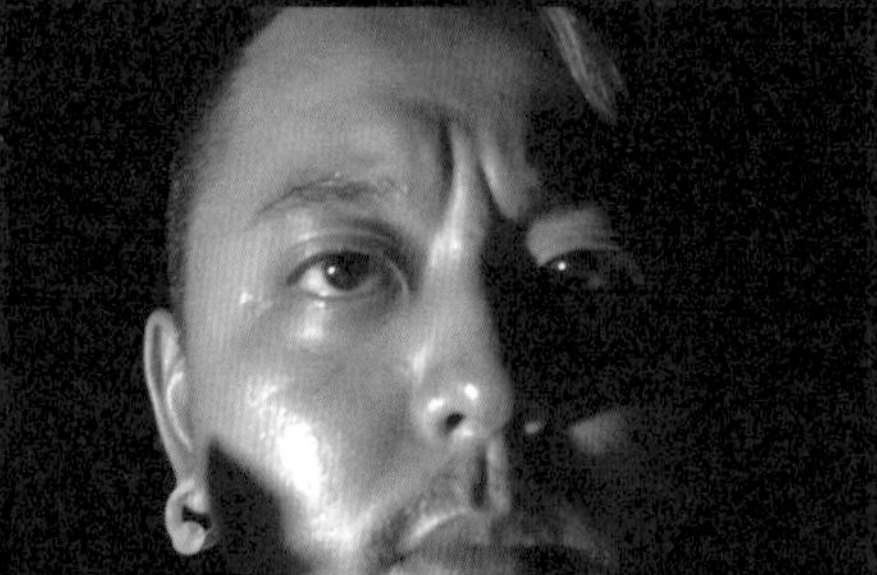

集落内部に入り、二手に分かれて探索を開始。長尾の表情からも決意が伝わる。

予想をはるかに超えて恐怖を掻き立てる集落の姿におののくメンバーたち。

生活の名残が残る 倒壊寸前の廃墟群

集落の中心的な役割を果たしたと思しき、神社の跡を発見。鳥居と古井戸が忘れ去られた歴史を物語る。

古井戸の周囲を探索する長尾。周囲には、謎の音が鳴り続けていたが、それが意味するものとは?

荒れ果てた廃墟が建ち並ぶ いよいよ集落の敷地内へ

さらに奥に進むと、墓石、古井戸が出現し、周囲はいよいよ村落らしき姿を現し始める。

予想を上回る集落の荒れ果てた姿に立ちすくむメンバー。ここからいよいよ、メンバーを二手に分けて、本格的に探索を始めることになる。

噂によると、かつてこの集落で一家惨殺の事件があり、それをきっかけに廃集落となったといわれている。その事件が起きた現場といわれる家屋を突き止めることが、今回の探索の目的だ。内田・皆口組と落合・長尾組に分かれて、彼らはさらに歩みを進める。

まず落合・長尾組が見つけたのは、今にもくずれそうな家屋。床は抜け、壁には意味不明な文字が残されている。

一方、内田・皆口組も廃屋を発見。そのとき、内田が人の声らしきものを聴いた！

内田の弁によれば、それは男性の息づかいのようなものだったらしいのだが…。一行は、さらに集落の奥へと向かっていく。

そこで彼らが見たものとは？

探索の最中、落合が姿を消した——

歩みを進める落合・長尾組だが、この直後、落合が姿を消し、連絡が途絶えることになる。

傾いた蔵。集落が健在だった頃は、この辺りでは名うての財を築いていた家のものだろうか？

廃屋の中には比較的新しい電話帳が残されていた。ここでは確かに人が生活をしていた。

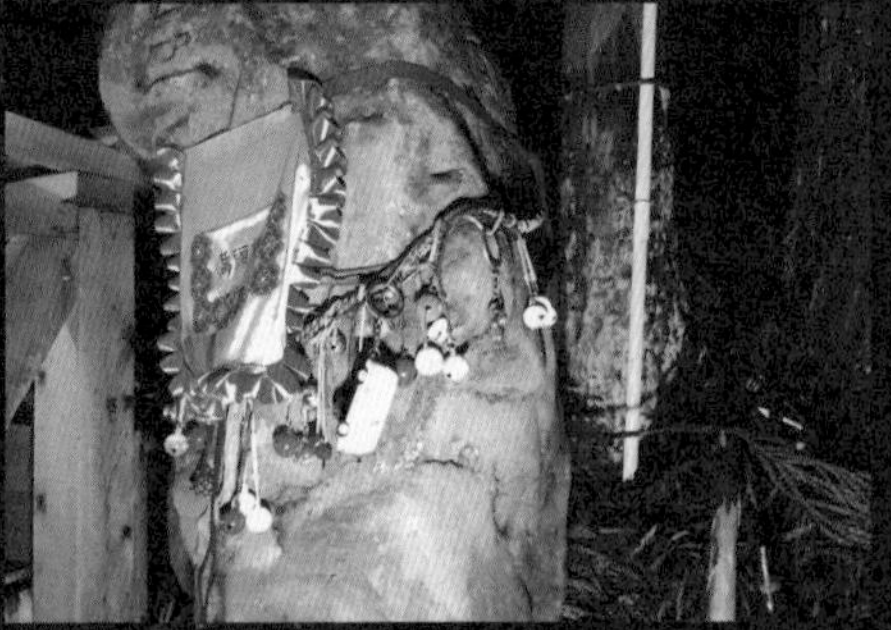

村の入り口付近にあった馬頭菩薩の像。馬頭はあの世とこの世の境界でさまよう者を救うというが…。

ゾゾゾが神隠しの被害に…落合が消えた！

廃屋の探索をしていた内田・皆口組のところに、あわてた様子の長尾が合流。その理由を問いただしたところ、突然、落合が姿を消したのだという。

暗い山道で足を踏み外したのか？ それならば音で分かるはずだ。誤った道を進んでしまったのだろうか？ 長尾が声をかけたとき、声が届かないほど距離をあけるには短い時間だったという。

とにかく連絡を取るためにスマホに電話をかける内田。しかし一向に通じない。繰り返し電話をかけ、ようやっとつながったが、今度は返事がない。微かに聞こえるのはザザ…ガガ…ガサガサ…という雑音のようなものだった。

これ以上の探索は危険と判断した一行は、取り急ぎ駐車場へと戻った。

それからほどなくして落合が戻ってきた。その顔にはあきれた表情が浮かんでいた。ドッキリにかけられたと思っていたのだ。話が食い違う落合と一行。彼らは、世に言う神隠しの一端を経験したのだろうか？

暗い森の奥に灯る明かりは異次元からの信号?

森の向こうに、ポツリと灯る明かり。突如姿を消した落合のペンライトの明かりだろうか?

落合失踪の時間軸早見表

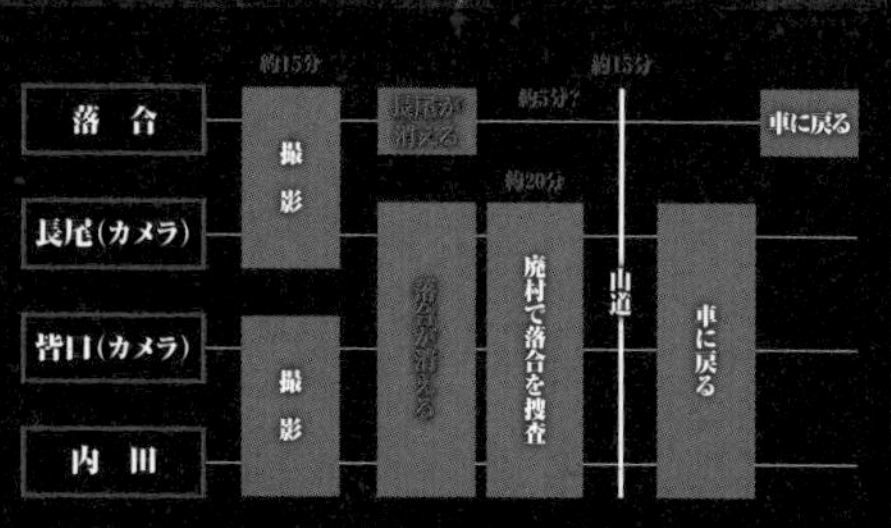

内田・皆口の二人が、この廃屋に差し掛かったあたりで、落合は姿を消したのだという。

ゾゾゾゾ

ゾゾゾポイント 4.0

廃村自体は気持ち悪いし、お地蔵さんあるし、一人ぼっちにされたし(事態をまだ把握していない)。

EPISODE 7

内田さん家

霊障が絶えない(?)ローカルスポット

いつもより厳かな表情の落合。霊障が途絶えないという噂を受けて、彼の強い決意が伝わってくる。

インターフォンを鳴らすと、応対に現れたのは…スタッフの内田だ。もしかするとすでに、彼にも霊障が起きているかもしれない。

過去の怨念を感じさせる残留物（ゴミ）の山

室内に入ると空気は一変して重苦しくなる。生活の面影を残す残留物に落合の表情に緊張が走る。

インフォメーション

内田さん家　（埼玉県川口市）

怪異情報：マンションの一室に、「霊障が途絶えたことがない」という噂が付きまとっているのだが、果たしてその真相は？

霊障の噂が絶えない部屋の主は内田？

埼玉県川口市にある閑静な住宅街。この地に今回の目的がある。通称〝内田さん家〟。とあるマンションの一室で、地元では霊障が絶えないと恐れられている。並々ならぬ気配を感じた落合。その厳しい表情からも、今回の捜索にかける彼の決意が伝わってくる（ふざけている）。意を決して、噂の部屋のインターフォンを鳴らす。すると、部屋の扉が開いた。「住人がいる！」。取材陣の間に緊張が走る。中から出てきたのは…スタッフの内田だ。何という偶然だろう。それとも、この部屋に巣食う霊たちが引き合わせたのだろうか（違います）？　渋る内田を制し、部屋の中へと入る落合と皆口。「生臭い」。部屋に満ちる臭気に落合の表情がゆがむ。霊の生前の面影を感じさせる生活感が残された部屋に、この部屋がただならぬ最恐スポットであることを確信した落合と皆口（まだふざけている）。リビング、トイレと捜索し危険を察知した2人は、足早にこの部屋を後にした。

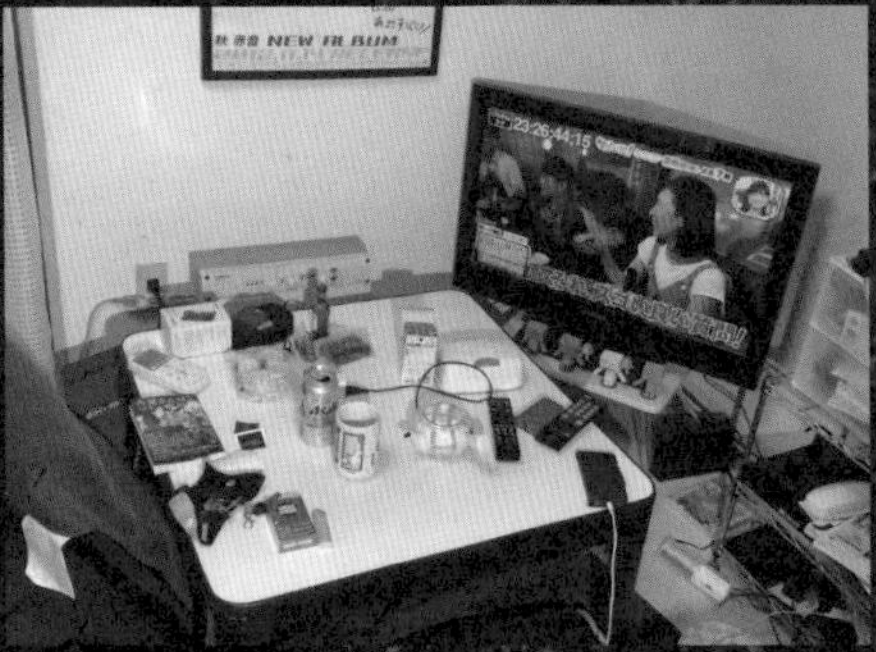

リビングと思しき一室には、家電や家具がそのまま残され、今は亡き主の帰りを待つように当時の面影が残る。

風呂場であったと思しき一室に侵入。何年も使われてなかったのだろう。経年の汚れと霊の怨みが蓄積されているようだ。

いまだに残る生活感は取り残された残留思念か？

部屋に満ちる怪しい雰囲気に、これ以上の滞在は危険と判断し、マンションを後にする落合。

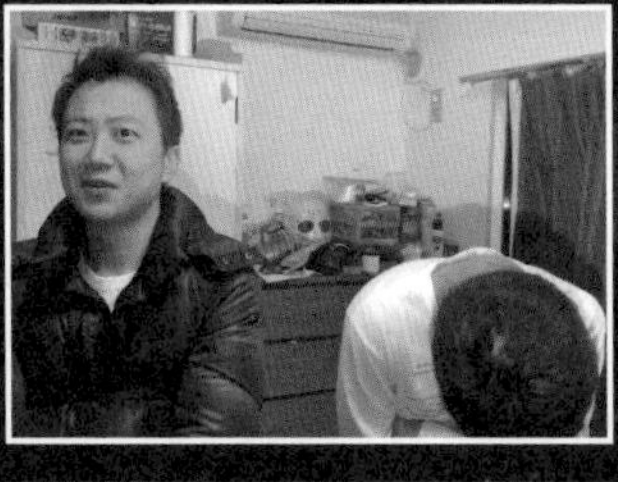

ゾゾゾゾゾ

ゾゾゾポイント 5

明らかに人が住んでいた気配が残っているし、何より生臭い（内田の生活臭）。

EPISODE 8

薬師堂のマキ

スタッフを襲う緊急事態が発生！

インフォメーション

薬師堂のマキ（埼玉県さいたま市）

怪異情報：埼玉県指定天然記念物のマキの木。とくに噂はないのだが、なぜかGoogleマップで心霊スポットに指定されている。

マップ上には存在するのに、前回はなぜかたどり着けず…

改めて、薬師堂のマキを探し出すため、撮り直しロケを敢行するメンバー。言いだしっぺの内田に対し、落合のモチベーションは低め。

軽いノリで始まった捜索が予想もしなかった展開に

「都心の最恐心霊スポット20ヶ所行脚」の回では、誤った場所にたどり着いてしまった。そのリベンジをかねて、今回こそ〝薬師堂のマキ〟をカメラに収めると息を巻くスタッフ内田だったが、落合は気乗りがしない様子。「前のヤツでいいよ」と言う落合をなだめつつ、メンバーは再び現地へと

噂や由縁は定かではないが、なぜかGoogleマップには心霊スポットとして登録されている。

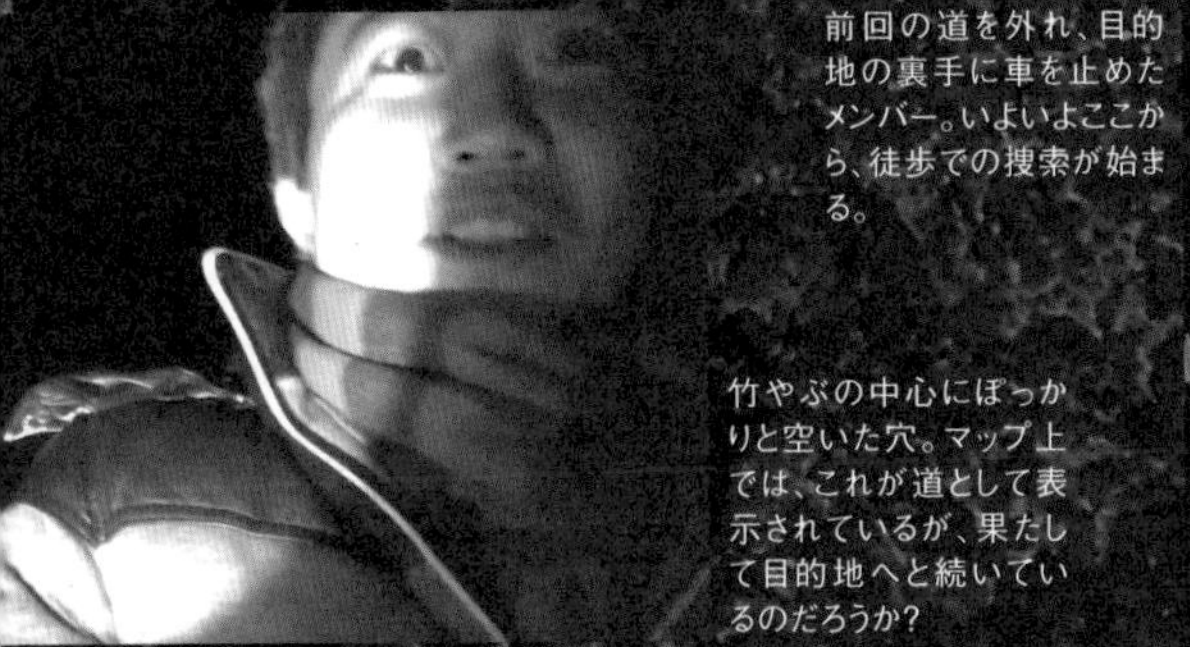

前回の道を外れ、目的地の裏手に車を止めたメンバー。いよいよここから、徒歩での捜索が始まる。

竹やぶの中心にぽっかりと空いた穴。マップ上では、これが道として表示されているが、果たして目的地へと続いているのだろうか?

Googleマップの案内に従い、歩みを進めるメンバー。マップ上では道と表示されているのだが…。

メンバーを飲み込むように竹やぶで口を開ける闇のトンネル

向かった。四の五の言っても仕方がないので、早速捜索を開始する。前回の反省を生かし異なる道を進むメンバー。

Googleマップを確認し、今回は薬師堂のマキの裏手から進むルートを選んだ。ほどなく、道は竹やぶの中へと続くように。すると、まるであの世へと続くかのように、竹やぶの中をトンネル状に開けた道が現れた。怖気づくメンバーだったが、それでも歩みを進めていく。かろうじて歩ける程度の悪路を進んでいたところ、落合に異変が。「声が聴こえた」という落合。その視線の先には、まるで彼の眼を貫こうとするかのように、折れた枝が寸前に待ち構えていた…。

この竹やぶは、決して侵入者を許さない

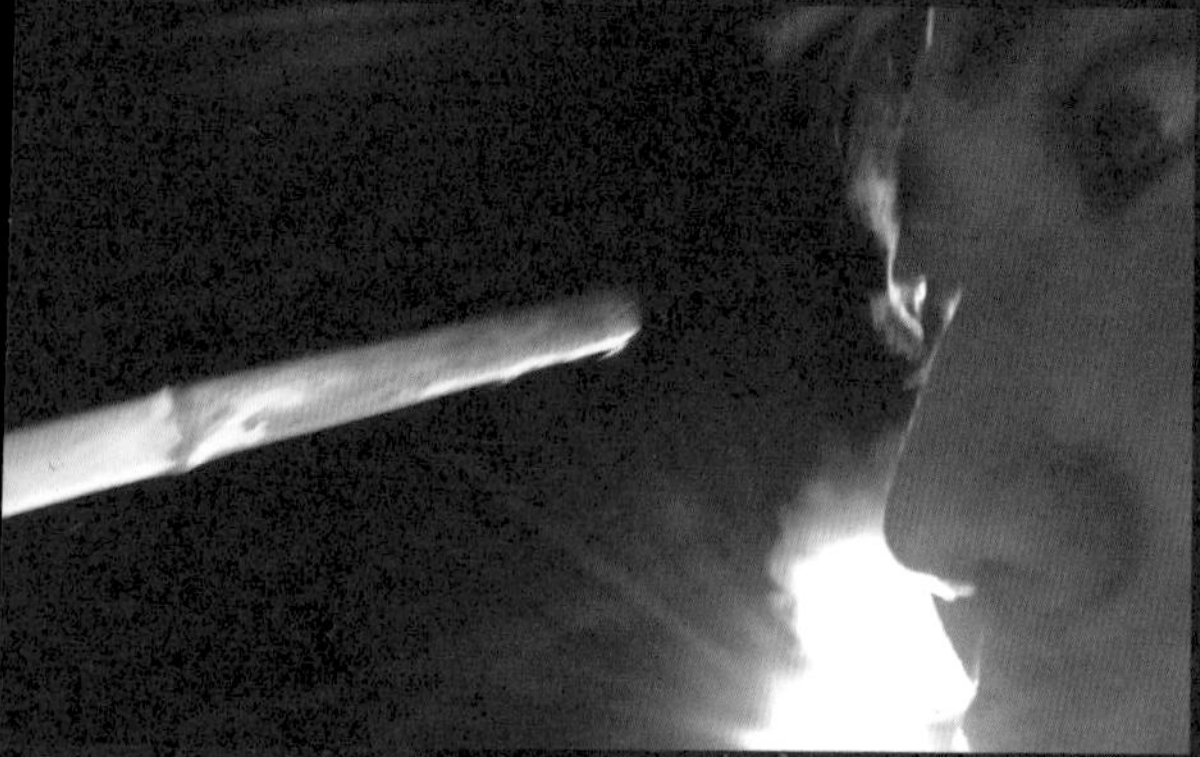

竹やぶを進む途中、声らしきものを聴いた落合。その先には、眼を突き刺すように折れた枝が待ち構えていた。もし進んでいたら…。

分岐点まで戻り、別のルートからアタック再開。先ほどとは打って変わって順調な道が続く。

その後も、声や音らしきものが周囲で頻発。怯えながらも歩き続けると、道はいよいよふさがれていく。

何もないはずの場所から流れてくる謎のラジオ

道を確かめるため、内田ひとりで進んだ先に、プレハブのような建物を発見。ラジオの音はその反対側から流れていた。

ようやく薬師堂のマキへとたどり着いたメンバー。最後のコメントを撮影していると、なぜか録画が止まり、ラジオの音が大きくなった

全員で音源の位置を確かめるが、マップ上では何もないはずの場所からラジオが流れている。

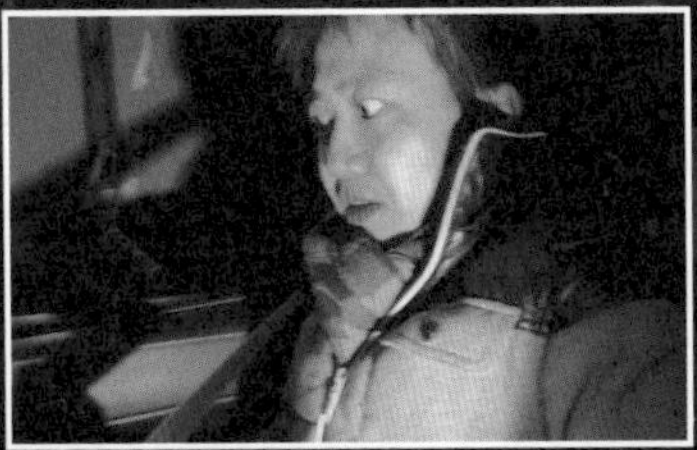

ゾゾゾ

ゾゾゾポイント 3

こんなことになると思わなかった

謎のラジオ音声、機材不調 ゾゾゾを襲う怪奇現象の数々

もし、音に導かれるまま進んでいたら、失明していたかもしれない。

事態におののくメンバーたちだったが、それでも歩みを進めていく。しかし、ある程度進むと、道は完全に竹やぶにふさがれてしまった。

車を止めた場所に引き返し、彼らは改めて別の順路から〝薬師堂のマキ〟を目指すことに。先ほどとは打って変わり、順調に進んでいくと、前回発見した枯れた木が現れた。ここからさらに進むと、謎のラジオ音声が流れる場所へと続く。

確認のため、内田ひとりでカメラを構え、例の場所へと進む。すると、プレハブのような建物を発見。メンバーと合流し、さらに進むと前回は気づかなかった小道を発見。どうにか〝薬師堂のマキ〟へとたどり着いた。

エンディングコメントを撮り、捜索を終えようとしたところ、突然録画が止まり、先ほどとは比較にならないボリュームのラジオ音声が流れ出した。突然の事態に慌てて車へと引き返すのだった。

ゾゾゾが選ぶ

都市伝説 奇妙なキャラクター編

ホラーエンターテインメントのポータルサイトを立ち上げることがゾゾゾの目標。ということは、心霊スポットの突撃リポートだけでなく、広くホラーを取り上げないといけない。ここでは、ゾゾゾが厳選した都市伝説をご紹介。

70年代後半にブームを起こした「なんちゃっておじさん」

1977年（昭和52年）から1978年（昭和53年）にかけて、東京都の電車内に出没して乗客たちを笑わせたといわれる中年男性。当時、深夜ラジオ番組の投書を始めとしてテレビや雑誌などでも多く取り上げられ、日本中で社会現象と呼べるほどの大ブームとなった。「なーんちゃって」と言って両手を頭の上につけ、両腕で輪を作ったポーズを見せ、乗客たちの笑いを誘うというパターンがもっとも典型的。

90年代、子供たちを震え上がらせた「トイレの花子さん」

「誰もいないはずの学校のトイレで、『花子さん』から返事が返ってくる」という都市伝説。赤いスカートを履いたおかっぱ頭の女の子で、校舎3階のトイレで、手前の個室から奥まで、扉を3回ノックし『花子さんいらっしゃいますか？』と3回ずつ尋ねていくと、3番目の個室から「はい」と返事が返ってくる。その扉を開けると花子さんがいて、トイレに引きずりこまれるのだとか。

予言のためだけに生まれる
「件(くだん)」

ZOZOZO URBAN LEGEND 03

「件《くだん》」は、19世紀前半ごろから日本各地で知られている伝説上の生物。「件(くだん)」＝「(人＋牛)」の文字通り、半人半牛の姿をしていて、幕末頃に広まった伝承では、牛から産まれ、牛の身体と人間の顔を持ち、人間の言葉を話すという。作物の豊凶や流行病、旱《かん》魃《ばつ》、戦争など重大なことを予言し、それは間違いなく起こるといわれている。予言を残した後、産まれて数日で死んでしまう。

タクシー幽霊の原型？
「消えるヒッチハイカー」

ZOZOZO URBAN LEGEND 04

「消えるヒッチハイカー」は、アメリカが発祥の都市伝説。自動車で道を行く運転手が、ヒッチハイカーを乗せる。その乗客が目的地だという家に辿り着くと、乗客の姿は忽然となくなっていた。不思議に思ったドライバーがその家を訪ねると、ヒッチハイカーは確かにその家の住人だという。しかし、既に数年前に亡くなっていたという。お気づきのとおり、タクシーが幽霊を乗せる話と酷似している。

ネットで拡散した怪獣
「南極のニンゲン／北極のヒトガタ」

ZOZOZO URBAN LEGEND 05

日本の調査捕鯨船の乗組員が目撃したとされている、全身が真っ白で全長数十メートルの生命体。写真撮影をしても氷山のようにしか見えないが、画像を拡大するとニンゲンの表皮はつるつるしている。巨大掲示板サイト「2ちゃんねる(現・5ちゃんねる)」のオカルト板で2002年5月に創造された、未確認生物の都市伝説といわれている。北極で見つかった固体は、「ヒトガタ」と呼ばれている。

ZOZOZO URBAN LEGEND 06

放課後、恐怖の時間は午後4時「ヨジババァ」

70年代前半、東海～近畿地方で流布。90年代頃には全国に拡散した。放課後の午後4時頃、学校内のとある場所に正体不明の老婆が現れるという。この老婆は子供を四次元に引きずり込み、何もない世界へ連れて行くと言われている。他の都市伝説と同じく設定にバリエーションがあり、老婆に遭うと金縛りになる、トイレに閉じ込められる、人間を殺す、赤いマフラーで絞殺される、鎌で斬り殺されると多様である。

ZOZOZO URBAN LEGEND 07

ワタシ、キレイ?「口裂け女」

1979年、日本で社会問題にまで発展した都市伝説。下校途中に、口元に大きなマスクをした若い女性に「ワタシキレイ？」と訊ねられ、「きれい」と答えると、「…これでも？」と言いながらマスクを外す。その口は耳元まで大きく裂けている。「きれいじゃない」と答えると包丁や鋏で斬り殺される。「ポマード」と3回（6回とも）続けて唱えると、口裂け女が怯むのでその隙に逃げられるらしい。

ZOZOZO URBAN LEGEND 08

89～90年を代表する都市伝説「人面犬」

1989年から1990年にかけて、マスメディアを介して広まり、小中学生の間で流行した。代表的なあらすじには「深夜の高速道路で、車に時速100キロメートルのスピードで追いすがり、追い抜かれた車は事故を起こす」「繁華街でゴミ箱を漁っており、店員や通行人が声を掛けると、“ほっといてくれ”と言い返して立ち去る」という2パターンがある。また、「なんだ、人間か」といった捨て台詞を言うとされている。

夢の中に出てくる男「This Man」

ZOZOZO URBAN LEGEND 09

2006年1月、夢で同じ男を見続けていると訴える女性患者がニューヨークの著名な精神科医を受診した。女性患者から特徴を聞き、精神科医がモンタージュを作成すると、別の男性患者が、そのモンタージュを見て「その男を私も夢で見た」と言い出した。どちらの患者も現実では「This Man」に会ったことがないと述べた。後に世界中の主要都市で2,000名を超える人々が夢でこの人物を見たことがあると訴えた。

ネットを席巻した未来人「ジョン・タイター」

ZOZOZO URBAN LEGEND 10

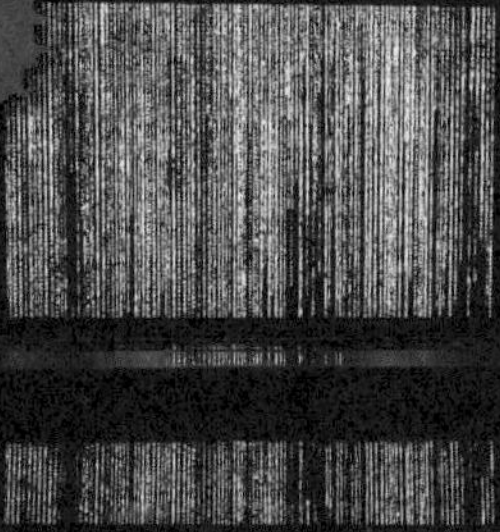

2000年11月3日、アメリカの大手ネット掲示板に、2036年からやってきたと自称する男性からの書き込みがあった。掲示板等でのやりとりを通じ、タイムトラベルの理論や未来に関する事柄、未来人である証拠などを提示していった。ジョン・タイターと名乗るその男は、未来の出来事にも掲示板等で言及しており、最初の書き込みから約4か月後の2001年3月に「予定の任務を完了した」という書き込みを残して消息を絶った。

頭部を失ったまま疾走する「首なしライダー」

ZOZOZO URBAN LEGEND 11

とある道路にピアノ線が張ってあった。そこに猛スピードのバイクで突っ込んだライダーがおり、ピアノ線がライダーの頭部を切断してしまった。しかし頭部が切断された後もしばらくバイクは走り続けた…。その後、ライダーの死亡推定時刻になると、その道路には頭部のないライダーが出没するようになった。この都市伝説のモチーフは、映画やコミックなどでも生かされている。

悲惨な社会問題を反映
「コインロッカー・ベイビー」

未婚で望まぬ子を出産した女が、駅のコインロッカーに我が子を置き去りにした。数年後、その近くを通りかかった女は、コインロッカー前で迷子らしきうずくまっている子どもに出会う。女が「お母さんは？」と声をかけると子どもは答えた…「お前だ！」。1973年前後、日本各地で新生児が遺棄される事件が多発した。この都市伝説はそんな事件がモチーフとされており、村上龍の同名小説をはじめ、多くの作品が作られた。

どこまでもついてくる…
「メリーさんの電話」

少女が引っ越しの際に、メリーさん人形を捨てた。その晩、電話が鳴る。「あたしメリーさん、いまゴミ捨て場にいるの」。切っても切っても電話が鳴り、メリーさんは段々と近づいてくる。ついに「あたしメリーさん。いまあなたの家の前にいるの」という電話が…。少女が思い切って玄関のドアを開けると誰もいない…。誰かのイタズラかと思った直後、再び電話が…。「あたしメリーさん。いまあなたの後ろにいるの」。

追いかけてくる上半身の亡霊
「テケテケ」

ある冬の北海道、踏切で女子高生が撥ねられた。上半身と下半身に切断されてしまったが、あまりの寒さに切断部分が凍結し、幸か不幸か即死には至らずしばらくの間生きていたという。この話を聞いた者に、3日以内に下半身の無い女性が現れ襲ってくるという都市伝説だ。その速さは時速100～150kmだと言われ、切断された足を取り戻すべく執拗に追いかけてくるという。

第三章

千葉編

EPISODE 9

ホテル活魚

関東最恐の心霊スポット

敷地外からもその姿を覗かせるホテル活魚。全国的にも知られる心霊スポットの代名詞に、いよいよゾゾゾが挑む。

侵入者を睨むように草木から顔を見せる活魚

道順も定かではないなか、草木生い茂る中を進むメンバーたち。突如視界が開け、眼前に活魚が現れる。

インフォメーション

ホテル活魚　（千葉県東金市）

怪異情報：正式名は油井グランドホテル。2004年、女子高生の拉致殺害遺棄事件が実際に起こった全国屈指の心霊スポット。

凄惨な事件が起きた関東最恐スポットへ潜入

千葉県にある通称〝ホテル活魚〟。宿泊施設として営業し、その後、飲食店に業態を転向したが廃業。現在は廃墟となっている建物だ。この場所では、女子高生が拉致監禁の末に殺害され、残されていた大型冷蔵庫に遺棄されるという事件が、実際に発生している。それ以外にも焼身自殺、刺殺

長尾と内田がロビーらしきスペースに入ると、いきなりおぞましい落書きが二人を待ち構えていた。

今回の捜索は広い範囲に及ぶため、ここで落合・皆口組、長尾・内田組の二手に分かれて捜索を開始する。

見る者の理性を失わせる狂気の赤に染められた部屋

二人が建物の中央部に差し掛かったそのとき、突然音声に不可解なノイズが入り始める。

一方、落合・皆口組が廊下を進んでいると、落合が突然声を上げた。その視線の先には、壁全体が赤で覆われた不気味な部屋が現れた。

一方、2階には、謎の異臭が漂う部屋が。この部屋が後に最大の恐怖を生み出すことになる。

事件、宿泊客の自殺等の怪事件が頻発したといわれている。

全国屈指にして関東最恐スポット、こういう場所に駆り出される心強いスペシャルゲストといえば、そう長尾である。ただこの場所、長尾にとっても「お断りしたい場所ナンバーワン」なのだという。メンバーそろい踏みで、突入を開始するゾゾゾ。草木が生い茂り、道なき道を進むと、突如として周囲が開け、ホテル活魚が姿を現す。ここでゾゾゾは、二班体制で1階と2階を捜索。長尾と内田がロビー付近を調べていると、長尾が回すカメラにノイズが混じり始める。しかしこれは、これから起こる異常事態の前触れに過ぎなかった。

壁一面が焼けただれた
おぞましい部屋を発見

1階から2階へと捜索を進める長尾・内田の二人。すると、壁・天井が焼けただれた部屋を発見。噂では焼身自殺事件も起きたというが…。

和室らしき部屋も発見。その床には、営業当時の面影が残る伝票やチラシが散乱していた。

部屋の惨状とは不釣合いに、なぜか綺麗なまま残されている鏡。

天井は抜け落ち、梁が見える状態に。残っている箇所は漏れなく焼け焦げている。

噂の真相を物語る焼身自殺の現場を発見？

一方、2階を捜索する落合と皆口。荒廃した廊下を進んでいき、行き止まりが見えたあたりで落合が声を上げた。視線の右手の部屋に影らしきものが見えたのだという。部屋に入ってみると、壁一面が赤で塗り上げられた不気味な内装。部屋に満ちる圧倒的な負のオーラに、落合は声を失った。そのタイミングで、1階の捜索を終えた長尾・内田から連絡が入り、改めて2階を二手に分かれて捜索する運びとなった。

外側から捜索する落合と皆口。ほどなくして外とつながっている和室を発見。そこには当時の面影を残すチラシや伝票類が残されていた。その頃、長尾と内田の2人は、別ルートから捜索を進めていた。そのとき、彼らの視界に、天井、壁、床が焼けただれ、梁や柱などの骨組みがあらわになった部屋を発見。「焼身自殺」。ホテル活魚に伝わるおぞましい噂が、2人の脳裏によぎる。反対側で捜索する落合・皆口に連絡を入れ、2人の合流を待つことに。

焼け焦げた部屋に取り残された落合。これから30分、検証のために居続けるのだが…。

ここで、怪異現象を押さえるために、実証実験を行うことに。1番危なそうな場所にひとり滞在し、怪奇現象の撮影を試みる。

検証実験中に録音された謎の男の声

10分後、落合の様子に異変が。「声がするんだよな」。とうとう霊現象の発生か?

20分後、カメラに向かって話す落合の言葉に「うん」と相槌を打つ声が…!!

この場に取り残された霊が落合のリポートに相槌を打つ

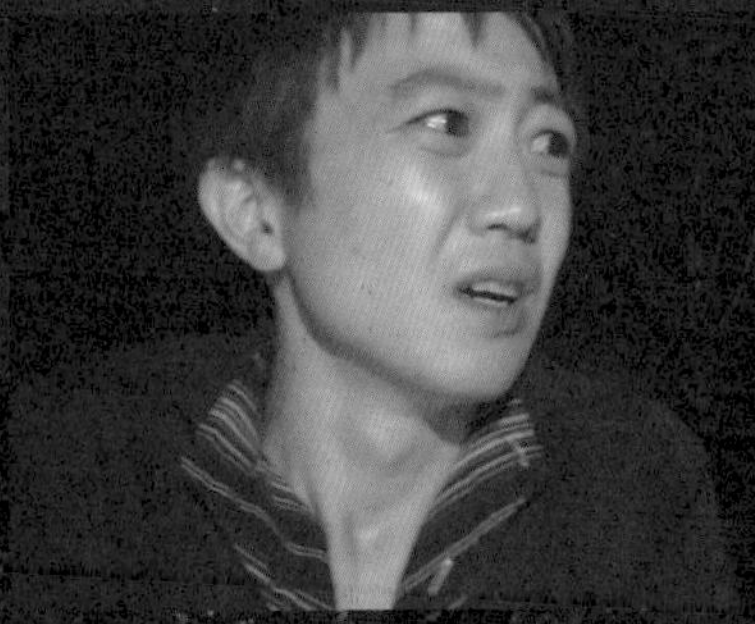

メンバーの元に戻り、状況を説明する落合。「焼身白殺した人なのかな」と推理する内田。全員で問題の場所まで戻る。

カメラにもはっきりと、落合以外の人物の声が録られた。相槌を打つ謎の声の正体は、この場で起きた惨劇の犠牲者か?

先ほど落合が聞いた声は、この部屋から聞こえてきたのかもしれない。さらにメンバーが調査を進めると…。

問題の起きた部屋の向かいは、先ほど異臭がしていた部屋。改めて調べると臭いが強まっている。

過去の惨劇を物語る血痕のようなシミ

部屋に残されていたベッドには、血の跡を思わせるシミが…。この場所で噂される様々な惨劇の痕跡の1つだろうか？

ここで長尾がギブアップ。「足音が聞こえたんで無理です」。危険を察知し、焼け爛れた部屋を後にした。

今一度、長尾に変えて検証を行うことに。10分ほどで、落合のときと同様、周囲から謎の音がするように。

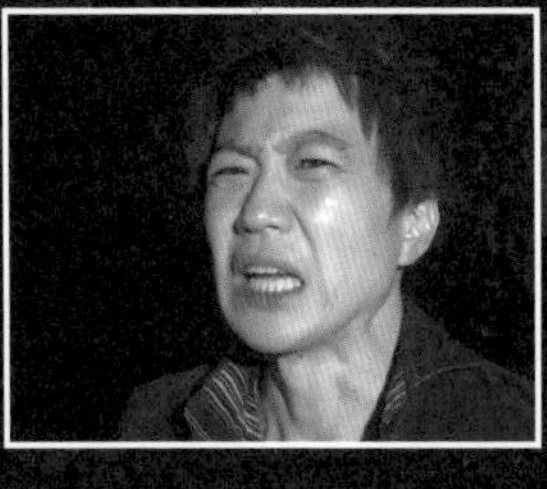

ゾ ゾ ゾ ゾ ゾ

ゾゾポイント 5

もしここにお越しになるんだったら、覚悟を決めてください。

男の声、謎の音、足音 怪奇現象がゾゾを襲う

落合と皆口の合流を待っていると、長尾の様子に異変が。「臭いがする」。焼けた部屋の正面にある部屋から異臭がするのだという。ちょうどタイミングよく落合・長尾が合流。ひと通り部屋のレポートを終え、最後に実証実験を試みる。部屋にひとり残って30分間滞在し、何か起こるか試すことになったのだ。白羽の矢が立ったのは、我らが落合だ。恐怖を紛らわすように、部屋の様子のレポートを続ける落合。そのとき、異変が起きた。「うん」。落合の言葉に合わせるように、男の相槌を打つ声が録音されていたのだ。何を言っているかは不明だが、その後も男の声は録音されていた。恐怖のあまりその場を離れた落合に変わって、今度は長尾が検証を行う。やはり10分もすると、周囲から謎の物音が聞こえ始め、足音が聞こえ始めたところ検証を終了した。

シメのコメント撮りを終えて、メンバーがホテル活魚を振り返ると、2階の窓には謎の光が…。

EPISODE 10

奥米トンネル

構内をさまよう水難事故の霊

赤い鉄橋を越えた先に浮かび上がるオレンジ色の光。このトンネルの先には異界が広がっているのでは、と不安になる。

不気味な明かりを点すトンネルは異界の者たちの通り道？

インフォメーション

奥米トンネル　（千葉県君津市）

怪異情報：トンネル近くにある三島湖で起きた水難事故の犠牲者の霊が現れるという。

地蔵、謎の鉄橋、トンネル周囲の霊が呼び寄せられる？

隣接する三島湖で起きた水難事故で男性が命を落とし、それ以来、霊の目撃が絶えないという千葉県有数の心霊スポット、奥米トンネル。その目で確かめようと、メンバーは現地へ向かった。日暮れ時の三島湖畔。周囲に明かりはなく、湖の様子を確かめることはできない。彼らがさっそくトン

1体の地蔵が祀られている。水難事故の犠牲者を弔うために設置されたのだろうか？

何のためかは不明だが、トンネル前に建てられた謎の鉄橋。真紅に染め上げられている。

貫通工事そのままなのだろうか？　トンネルの壁面は、くりぬかれた岩そのままのようだ。

トンネル内部には、謎の水流音が。ここに現れるのは水難事故の霊とのことだが…。

過去にあった山崩れにより、トンネルは2つに分断されている。そのとき内田が、奥側のトンネルから謎の物音を聴いた。

山崩れによって分断されたトンネル そして、謎の物音

ネルに向かうと、道の傍らには地蔵が一体祀られていた。噂の霊を鎮めるために置かれたのだろうか？　地蔵を過ぎるとすぐに鉄橋に差し掛かる。赤く染め上げられ、周囲には不気味な雰囲気が漂う。鉄橋をさらに進むと、その先にボーっとしたオレンジ色の明かりが浮かび上がる。いよいよ今回の目的地、奥米トンネルが見えてくる。誘蛾灯に群がる羽虫のように、周囲の霊をおびき寄せているようだ。トンネルの壁面は、貫通工事が行われた当時のままのように、岩肌がむき出しになっている。まるで人通りを拒むように佇むこのトンネルに、いよいよメンバーが突入する。

奥側のトンネルに入るとほどなく、側面に横穴が。勇気を振り絞り、落合と皆口が中へと潜入する。

側面から続く
もう1つのトンネル
そのたどり着く先に
あるものとは?

奥に進むと、ひと回り穴の広さが大きくなり、水没している。撤退を余儀なくされるメンバー。

横穴のリポートをしていたところ、落合が足音らしき音を聴く。誰かがあとをつけている?

さらに進むと、また横穴が現れる。何の目的のために掘られたのだろうか?

出口に差し掛かり、メンバーにも安堵の表情が浮かぶ。そのとき、今度は内田がささやき声を耳にする。

スタート地点から響いてくる人間のささやき声…

出口に差し掛かると、岩肌がむき出しだった壁面が綺麗に整備されている。

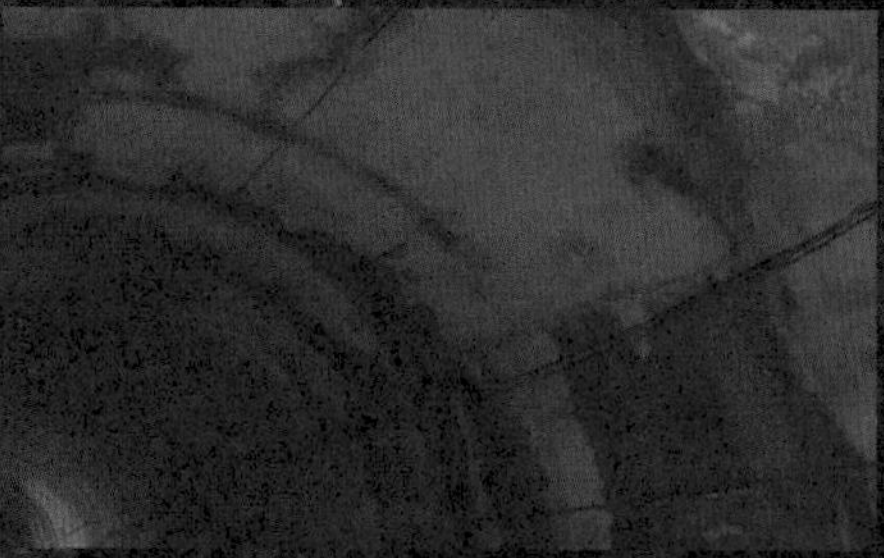

「入り口に誰かいるのでは?」。声の正体をそう結論づけたが、誰も歩いてはこなかった。

ゾゾゾゾ　ゾゾゾポイント 3.5

肝試しに来るスポットとしてはだいぶ雰囲気があるかな

入り口付近から聞こえる人のささやき声

トンネル内は冷気に包まれていた。落合がリポートを始めて早々に異変が発生。水源が不明の水の音が聴こえてくるのだ。「水難事故で命を落とした男性の霊」。この場所の噂が脳裏をよぎるが、構わず先へと歩みを進める。すると、拍子抜けするほど短い距離でトンネルは途絶えた…はずだった。というのも、奥米トンネルは、過去に山崩れがあり、2つに分断されているのだ。1つめのトンネルを抜け、2つめのトンネルに入ると、ほどなくして謎の横穴を発見。意を決して、穴への潜入を試みる落合と内田。ある程度進むと、その穴は水没していた。トンネルへと引き返しさらに進むと、また横穴が現れる。これらの穴は何のために掘られたのだろうか？　トンネル出口に差し掛かり、今回の捜索も終了かと思われたそのとき、スタート地点あたりから人の声が…。しかし、この日はもう1つの心霊スポットに向かうため、正体はいったん保留のまま早々の退散となった。

EPISODE 11

ダルマ神社

殺人事件の舞台となった古神社

インフォメーション

ダルマ神社（千葉県船橋市）

怪異情報：正式な名前は「白幡神社」。2002年、実際に殺人事件が起き、霊が目撃されるようになった。

現場に到着した落合は浮かない表情。感想を求められてもリアクションは薄い。

周囲に明かりはなく、ライトで照らすと白い鳥居や社殿がぼんやりと浮かび上がる。ただならぬ雰囲気に落合の表情もこわばる。

闇夜に浮かび上がる白い鳥居 異質な雰囲気の社殿

凄惨な事件が起きた千葉県屈指の最恐スポット

奥米トンネルに続いてメンバーが訪れたのは、２００２年に殺人事件が起きて以来、霊現象が多数報告されている通称〝ダルマ神社〟。大学生が小額の金銭を目的に、拉致・殺害され、この公園に遺棄されたという凄惨な事件の舞台となった。森林公園の裏手に位置し、夜になると明かりは一切なくな

参道と思しき道の先にライトを向けると、謎の建物が姿を現す。その正体を探るために、さらに歩みを進める。

参道の奥に浮かび上がる謎の建物

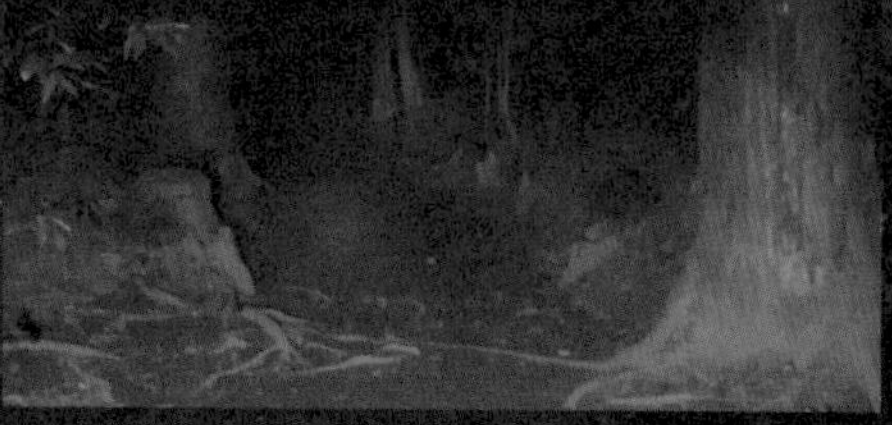

奥へと進むと、突然風が強くなる。まるでメンバーの行く手を阻むように…。

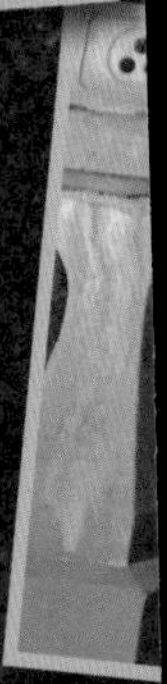

そこにあったのは、骨組みだけで造られた目的不明の物体。その奥には祠が祀られてる。

祠の周辺に、怪しいものはなかった。とりあえず、1枚写真を撮ってみると…。

る。メンバーが訪れた際も、あたりはすっかり闇に包まれていた。照明を消すと何も見えなくなる状況に、すっかり尻込みするメンバー。とはいえ、進まないと話は始まらないので突入開始。参道を進み境内に入ると、闇はいよいよ深くなる。ライトを照らしても奥が見えない深い闇。メンバーが途方に暮れるなか、内田が何かを発見した。道ともつかない木々の間に建物らしきものを見つけたのだ。ただでさえ異様な雰囲気に満ちた境内。しかしその奥の拝殿らしき建物は、より一層不気味な雰囲気をかもし出していた。先へと進むメンバー。すると事態は一変する。

境内に響く拍子木の音は異界からの呼び声か…？

この写真を撮った直後、拍子木を打つような音が辺りに鳴り響いた。

話し合いながら状況を整理しているそのそばで、さらに音は鳴り響く。

社に謝罪しながら、その場を離れるメンバー。皆口によると、音は3回鳴ったとのこと。

侵入者を囲い込むように鳴り響く謎の音

真っ暗な参道と思しき道を進んでいくと、突然風が強く吹き出す。まるで一行の行く手を阻むように。状況の変化に、落合のモチベーションも右肩下がりに。それでも歩みを進めていくと、前方に見えていた建物の全容が明らかに。遠くからは拝殿のように見えていたが、近づくと骨組みだけがそこにあった。何かを建てる途中で頓挫したのだろうか？　しかしその奥には、歴史を感じさせる祠が祀ってある。よく状況が飲み込めないまま、写真を撮る皆口。さらに祠へと近づくと、危険な気配が強まっていく。祠の前でも撮影をすると、シャッター音とは別の何かの音が。捜索を続けるか相談をしていると、今度はカメラにも収まるように拍子木のような音が…。慌ててその場を離れるメンバー。途中、インスタの写真を撮り忘れた皆口によって引き戻されるが、謎の音はレパートリーを増やしながら鳴り響く。いよいよ身の危険を感じた一行は逃げ出すようにその場を後にした。

メンバーを包み込むように増えていく謎の音の群れ

再度、拝殿へと近づいていくと、鳴り響く音のレパートリーが増えていく。そして、風が止む。

ピアノのような音まで聴こえてきて、恐慌をきたすメンバー。

逃げ出そうとするメンバーを引きとめる皆口。その理由は「インスタの写真を撮り忘れたから」。…。

事前の準備が足りず、駆け足で逃げ出すハメに。リベンジの可能性はあるのだろうか?

写真には写り込まなかったが、明らかに謎の気配を感じていた落合。

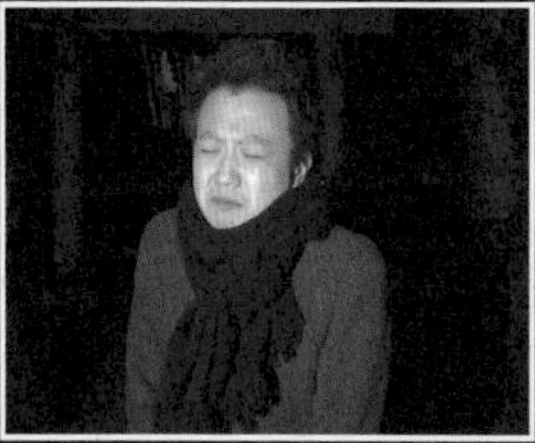

ゾゾゾゾ

ゾゾゾポイント 4

奥に行くほど鳴るはずのない音が増えていく

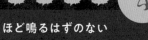

ゾゾゾの

恐怖体験 4連発

学校の怪談スペシャル

ある夏の日、ディレクター・皆口に招集された落合、内田、長尾の3人。「夏といえば心霊特番」という皆口の号令で、千葉県にある廃校で恐怖の心霊検証4連発に挑むハメに…。

今回のルール

- すべてのスポットに1人で行く
- 噂されている心霊現象をカメラに収める
- 4つ目のスポットに行くメンバーはこっくりさんで決める

夏の定番「学校の怪談」を検証する特別企画ということで意気込むディレクター皆口。それに対して、いつも以上に浮かない表情の落合と長尾。今回は2人にスタッフ内田を加えた3人で、世間的にも有名な「学校の怪談」が本当にあるのかを検証していく。夏の夜の廃校、設定としては申し分ない。後はメンバーの勇気と運にかかっている。

インフォメーション

千葉県の廃校： 千葉県某所

怪異情報：

女子トイレの幽霊、音楽室の怪、焼却炉の老人の霊など、学校の七不思議を彷彿とさせる噂が絶えない千葉県にある廃校。

GHOST STORY OF SCHOOL

01

老人の霊が出没
焼却炉

- 校舎裏手にあり、老人の霊が出るといわれている
- 学校が運営されている頃は、心霊写真が撮れるといわれていた

心霊写真といえば長尾。ということで、トップバッターに選ばれ、校舎裏へと向かう。噂の焼却炉で、数枚自撮り写真を撮影したところ、4枚目で心霊写真をゲット。幸先のいいスタートだ。

ひとり目の挑戦者に長尾が選ばれた瞬間。嬉しそうな落合の表情が印象的。

長尾の顔が溶けているように見える。文句なしの心霊写真の撮影に成功。

GHOST STORY OF SCHOOL

02

ベートーベンの光る眼
音楽室

- 音楽室の怪談といえば肖像画
- ベートーベンの目が光るという噂は全国的に多い

次に選ばれたのはスタッフ内田。音楽室に向かう途中や撮影中に謎の物音を聴くが、ベートーベンの光る眼は撮影できず…。途中、アニソンを歌って霊を挑発するが上手くいかず。

検証中に謎の物音を聴いた内田。同じ音を控え室のメンバーも聴いていた。

心霊現象を体験したものの、ベートーベンの光る眼の撮影には失敗。

GHOST STORY OF SCHOOL
03

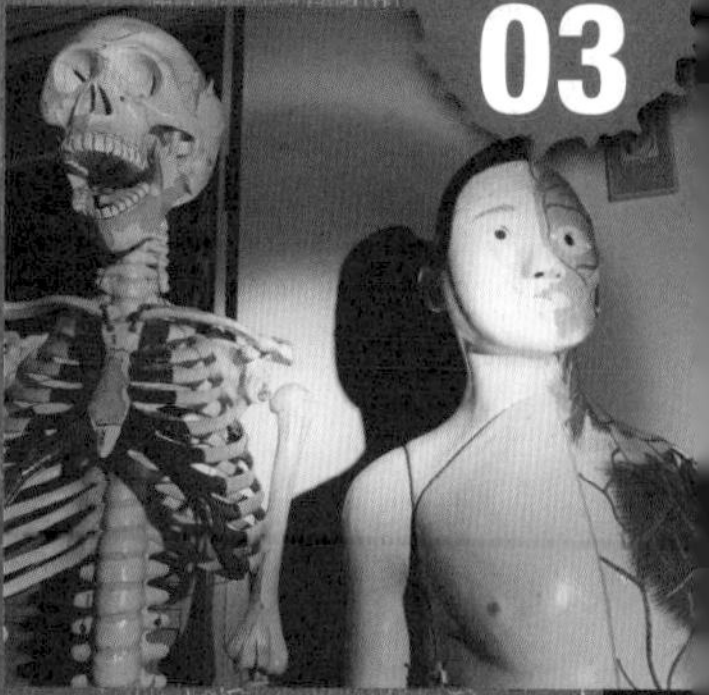

動き出す人体模型
理科室

- 学校の怪談の定番といえば人体模型
- 夜中に人体模型が動き出すというが…

深夜の理科室が醸し出す雰囲気に落合の表情が強ばる（検証は失敗）。

いよいよメインパーソナリティの落合が登板。動物のホルマリン漬けなどがそのままにされた生々しい雰囲気に恐れをなし、さっさと撮影だけすると駆け足で戻ってきてしまった。

検証を終えて駆け足で戻ってくる落合の様子を捉えた皆口視点の映像。

GHOST STORY OF SCHOOL
04

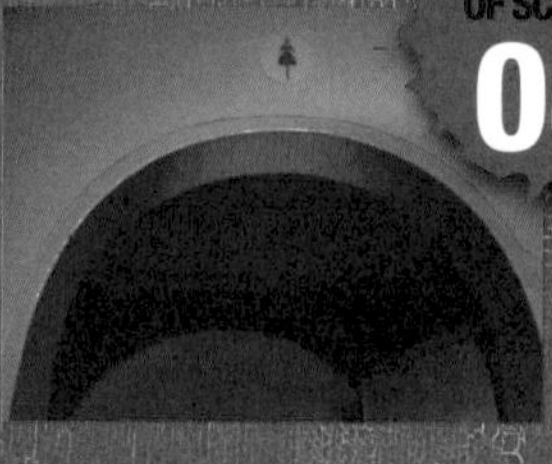

女の子の霊が出現
北校舎の女子トイレ

- 北校舎にある女子トイレに霊が現れるという噂
- 開校当時は「花子さんのトイレ」と呼ばれていた

最後の検証はこっくりさんによって落合に決定。女子トイレ奥の個室に留まり検証を行っている最中、メンバー全員に聴こえるほどの謎の物音が、原因は誰もいない教室のイスと推測される。

落合だけでなくメンバーも聴いた音の正体は、無人で動いたイス?

トイレの奥の個室に軟禁状態の落合。現象が発生した際の驚愕の表情。

第四章

群馬編

EPISODE 12

金比羅橋

北関東の最恐スポットに惨劇の痕跡が…

ダム湖にかかる巨大な橋はあの世へと続くターミナルか?

退社直後の落合を直撃。「奥さんと食事」。そう断ろうとする落合だったが…。

うっそうとした木々に覆われたダム湖。そこにかかる鉄橋は、この世のものならざる雰囲気に包まれている。

インフォメーション

金比羅橋　（群馬県藤岡市）

怪異情報：ダム湖にかかる鉄橋。地元では飛び降り自殺の名所として知られ、霊現象も多数報告されている。

橋の中腹には人ひとりの大きさの穴が…

　ある日の夕暮れ時。都内のビルの入り口付近でカメラを回す皆口。ほどなくして現れたのは、今まさに帰宅しようとする落合だった。「ダメだよ。この後、奥さんと食事に行く用事がある」。そう断る落合に皆口は詰め寄るが、態度は一貫して頑なだった。

　ところ変わって、群馬県藤岡市のダム湖にある鉄橋、金比羅橋。その袂に神妙な顔つきで立つ落合。どうやら断り切れなかったようだ。この橋は、群馬県でも有数の自殺スポットとして知られ、自殺者の霊が多数目撃されている。渋りながら捜索を開始すると、早々にいのちの電話の看板を発見。自殺が絶えないという噂は本当のようだ。橋の真ん中あたりまで進むと、そこには自殺防止ネットが切り取られた跡が…。ちょうど人ひとりが通れそうな穴から湖面を覗くと、吸い込まれそうな湖面の闇が広がっていた。橋を渡りきると、ボランティアが描いたと思しき絵が並び、再びいのちの電話の看板が立てられていた。

橋の入り口にはいのちの電話の看板が。やはり命を絶つ者が後を絶たないのだろうか。

自殺を防止するためだろう。橋には飛び降り防止用のネットが張り巡らされている。

切り取られたネットは自殺者が残した痕跡か？

橋の中腹に差し掛かったあたりで、落合が異変を発見。ネットがちょうど人がひとり通れるほどの大きさに切り取られていたのだ。

ゾゾゾ

ゾゾゾポイント 2.5

破けていたネット、
あれ、ガチでしょ

EPISODE 13

武尊神社

山奥で朽ちる廃神社で見たものとは？

山の中腹にあるという神社を目指すメンバー。だいぶ進んだ先に現れたのは、朽ち果てた鳥居だった。

山道の行き着く先に突如現れる朽ちた鳥居

インフォメーション

武尊神社（群馬県某所）

怪異情報：通称“呪いの廃神社”。老婆の霊が出るという噂で有名で、『呪いのビデオ』で霊が写っていたことでも知られている。

『呪いのビデオ』登場の心霊スポットの真相は？

群馬県某所の山間にある廃神社。ホラー系ドキュメンタリー『呪いのビデオ』で、実際に霊が写りこんでいたということで、ホラーファンの間でも高い知名度を誇る心霊スポットだ。老婆の霊が現れるともっぱらの噂だが、その由来に関しては不明な点が多い。

異様にテンションの高い落合。2日前に配偶者が出て行ったのだとか。失うものがない今、彼が最恐なのかもしれない。

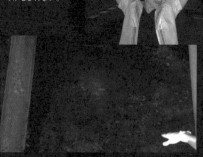

鳥居の奥には、ぎりぎり形を保った階段が。やぶれかぶれの落合は、「ひとりで回っちゃうよ」と意気込むが…。

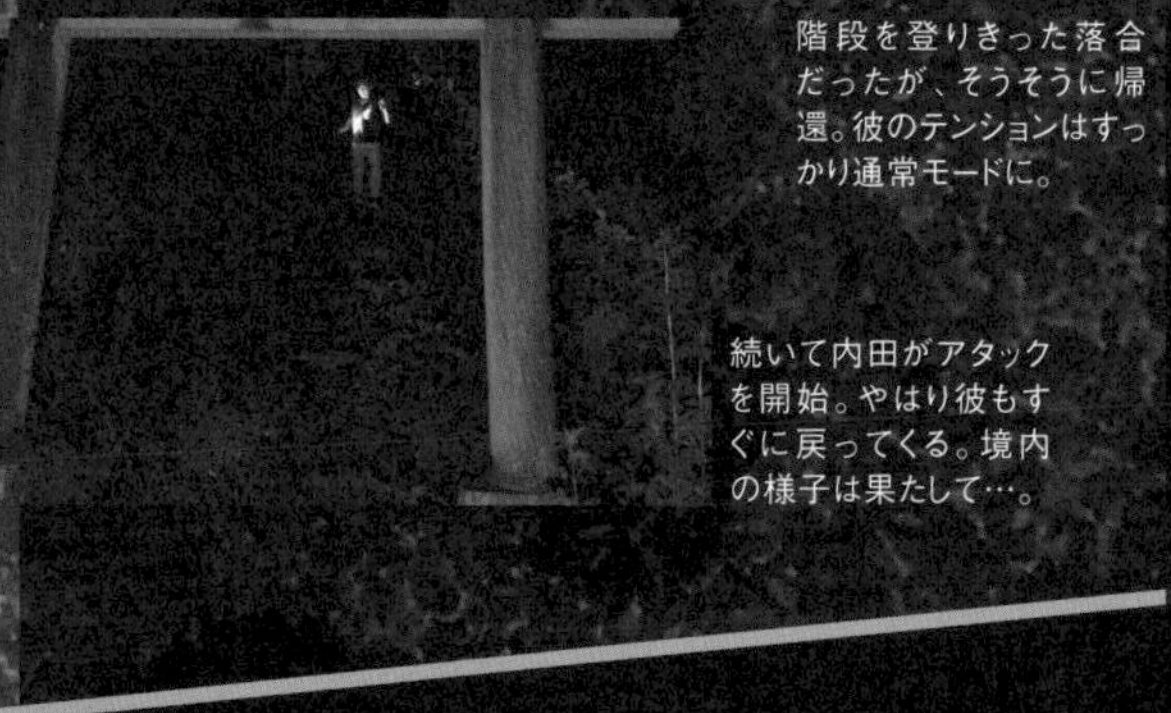

階段を登りきった落合だったが、そうそうに帰還。彼のテンションはすっかり通常モードに。

続いて内田がアタックを開始。やはり彼もすぐに戻ってくる。境内の様子は果たして…。

改めて全員で突入。崩れた鳥居を越えると、廃神社が姿を現す。内田が写真を撮ると、なぜか写真が白くぼやけた。

鳥居の奥には 負のオーラを放つ 廃神社の姿

なぜか異常にテンションの高い落合。なんでも、配偶者に出ていかれたのだとか。「失うものはないからね」。心霊現象の撮影に、異様な闘志を燃やす落合。その目には、狂気にも似た光が宿っていた。神社を目指し、明かりのない山道を登っていくメンバー。かなりの距離を進んだところで、不意にそれは現れた。先を行く落合が見つけたのは、打ち棄てられた鳥居だった。経年によって朽ちた鳥居。その奥には、おそらく社へと続いている階段が、まだかろうじてその形をとどめていた。草木に侵食され、ボロボロになった階段を誰が上るのか。とにかくテンションの高い落合が、ひとりで様子を探ることになった。

撮影されることを拒むように写真にかかるモヤの正体は？

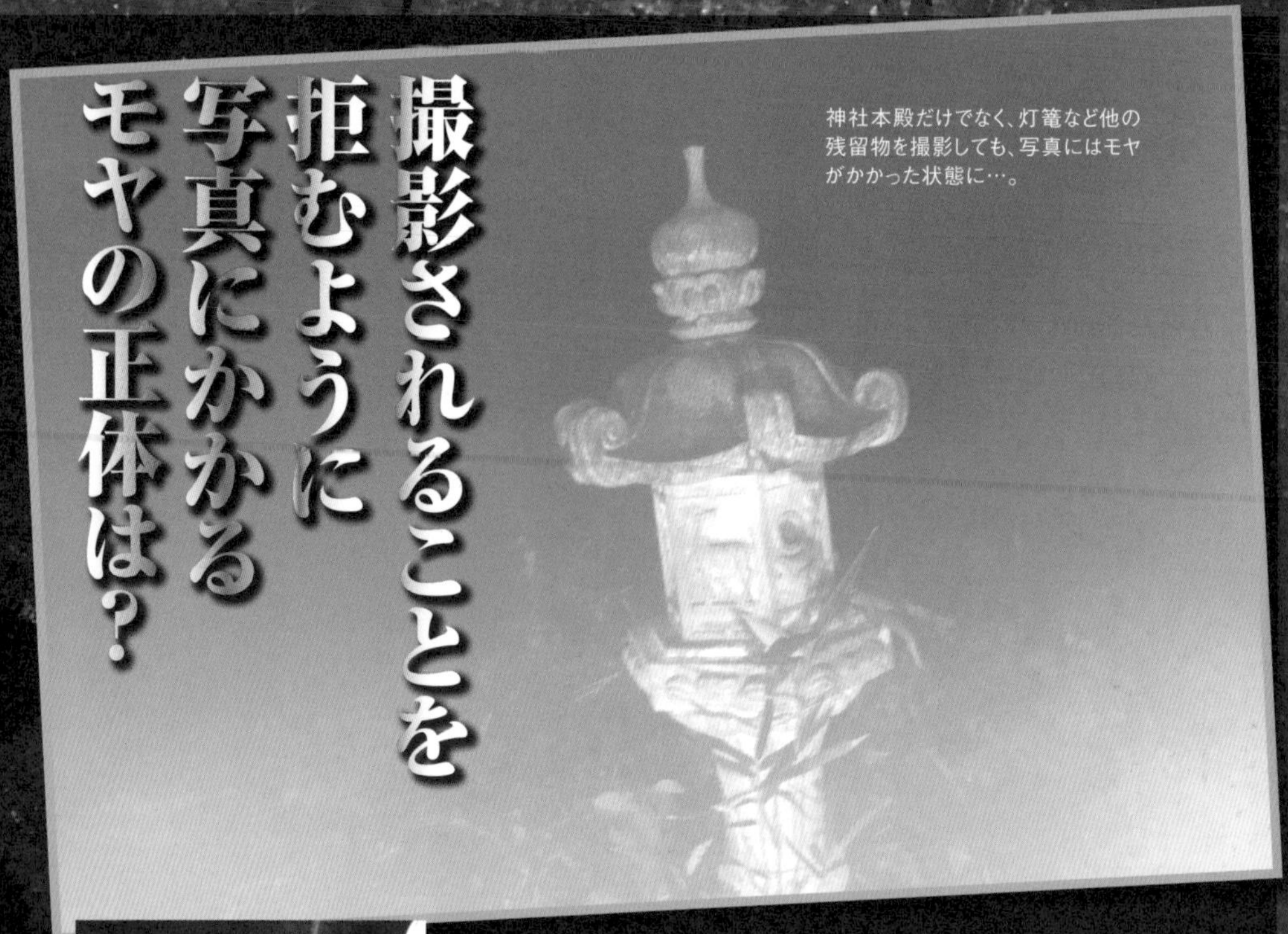

神社本殿だけでなく、灯篭など他の残留物を撮影しても、写真にはモヤがかかった状態に…。

階段をさらに上がると、紅白に覆われた本殿が全容を表す。一般的にあまり見られない造りが異様さを際立てる。

人間を写しても正常だが、なぜか神社を写すとモヤがかかるようだ。

本殿は、参拝客はおろか、あらゆる人間の侵入を拒むように高い壁に覆われている。

写真を撮ろうとしても謎のモヤが写るのみ

「絶対に霊を撮る」。強い決意のもと階段を上がっていく落合だったが、登りきったあたりで早々に戻ってきた。「やっぱり無理」。先ほどまでのテンションが嘘のように、意気消沈していた。彼は上で何を見たのか？　改めて、メンバー全員で探索を開始する。階段を上ると、過去に鳥居だったと思しき2本の柱が立ち、足元には残骸が散らばっていた。避けるように奥へ進むと、来るものを拒むかのように壁がそそり立ち、その上に社の姿が。ここで異常事態が発生する。あたりの様子を撮影しようと内田がカメラのシャッターを切ったのだが、なぜか白くぼやけてちゃんと撮れない。メンバーを撮影しても異常がないのだが、神社のものとなると撮影できない。とりあえず探索を続行するメンバー。噂では本殿に残された太鼓が、夜になると無人なのに鳴り出すという。その真相を確かめるべく、本殿に向かって進んでいく。そこに、想像だにしない恐怖が待っているとも知らずに。

本殿の周辺の探索を開始するが、入り口付近はしっかりと錠がかけられ、進入できないようになっている。

賽銭箱の残骸と思しき残留物の中には、なぜか木札が数枚放り込まれていた。

周囲の荒廃をよそに、神社名を掲げた看板は綺麗なまま周囲を威圧するように鎮座している。

本殿の脇にある窓から内部を覗くと、神聖な場所とは似つかわしくないほど荒らされていた。

打ち棄てられた神社の本殿内部の惨状

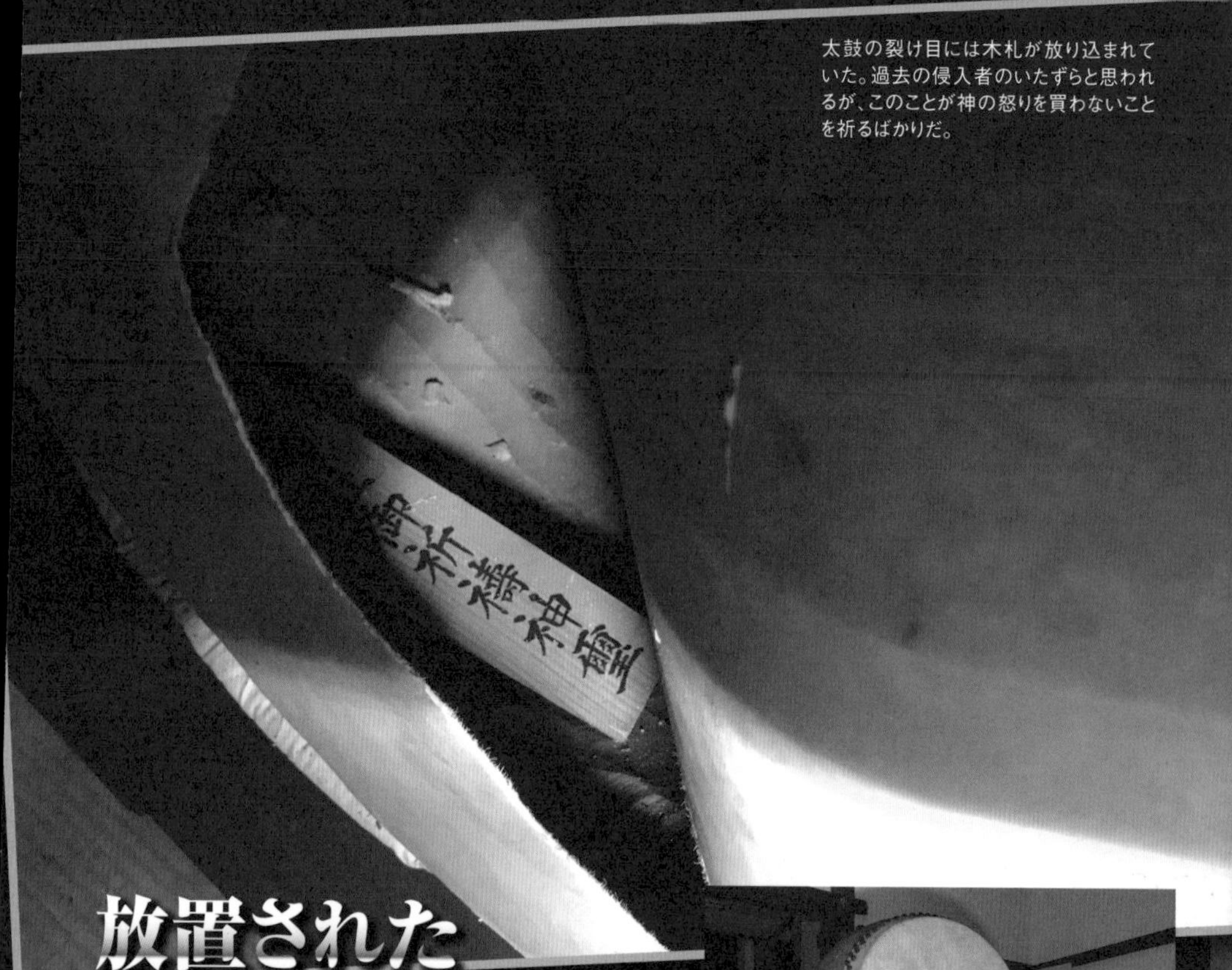

太鼓の裂け目には木札が放り込まれていた。過去の侵入者のいたずらと思われるが、このことが神の怒りを買わないことを祈るばかりだ。

放置された太鼓の中になぜか放り込まれている木札

噂によると、本殿に残された太鼓が、夜中に誰もいないのに鳴り出すのだとか。

祭壇の奥と思しきスペース。現在は空洞になっているが、そこには禍々しい空気が流れていた。

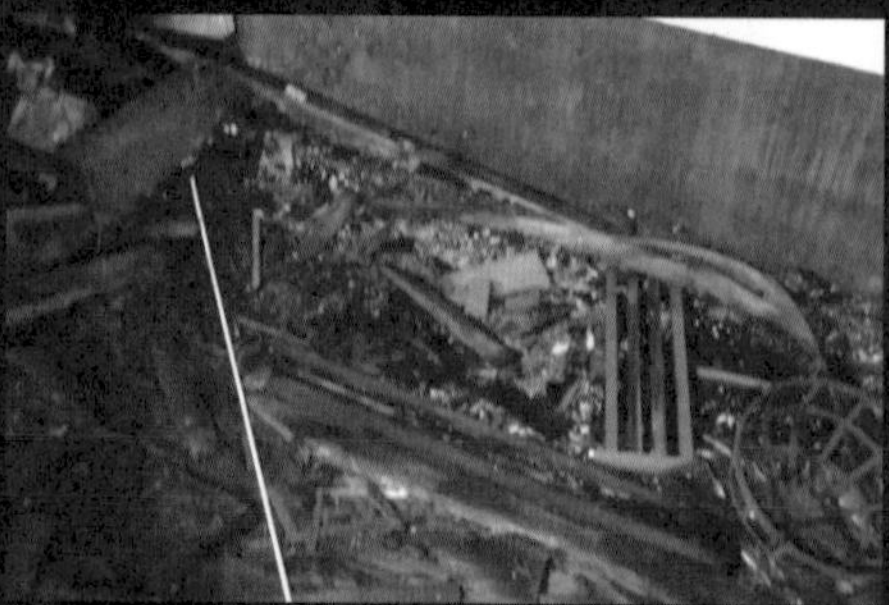

過去には祭壇があったであろうスペースも、荒れ放題になっている。

本殿にひとり残り、太鼓を5回鳴らすという実証実験を行った落合すると、カメラには何者かの足が写り込んでいた。

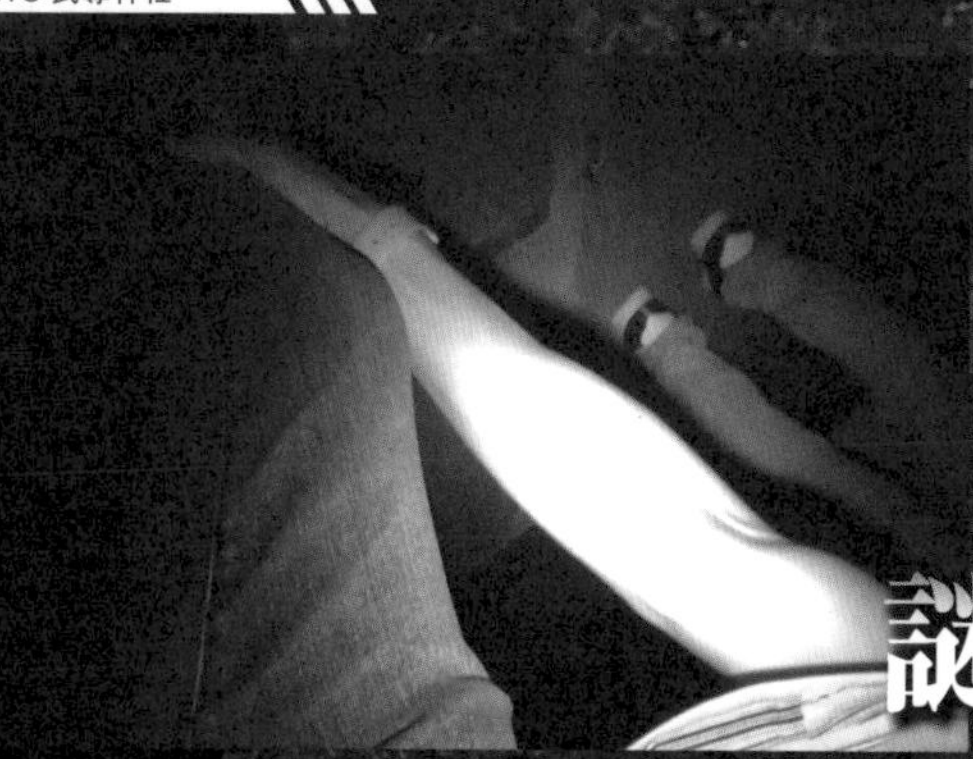

検証中に撮影された謎の男性の足

本殿での撮影を開始したあたりから、様子がおかしい内田。外で待機しているときも女性の声を聴いていた。

写った足を改めて確認すると、どうやら内田の足であるようだ。しかし、彼は外で待機していたはずだ。

ゾ ゾ ゾ ゾ ゾ

ゾゾゾポイント 5

**神聖な場で…ダメ
ちょっと、調子に乗ったな**

いるはずがない者の姿が映像に写り込む

本殿は入り口がロックされていて、中に入れない。他に入り口がないか周囲を調べると窓が見つかり、中を覗くととても神聖な本殿とは思えない荒らされ方だ。引き続き、周囲を調べ、落合が鍵が壊された扉を発見。いよいよ本殿内部へと進んでいく。そこには、噂の太鼓と、過去に祭壇が祀られていたと思しきスペースがあった。太鼓は面が破られ中に木札が放り込まれていた。そして、祭壇が祀られていたスペースはすべて撤去され、がらんとした空洞が残るのみだ。祭壇スペースを探索する落合。そこには何もないが、あきらかに周囲とは異なる空気が漂っているという。検証のために、ひとり残り太鼓を5回打ち鳴らす実験に挑む落合。5回目に太鼓を叩いた瞬間、ビデオに人の足のようなものが写った!

慌ててその場を後にする落合。メンバーと合流し、映像を検証したところ、その足は内田のようだった。しかし、この時内田は、本殿にはいなかったはずだ…。

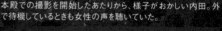

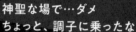

EPISODE 14

白い家

不可解な構造を持った異常建築

インフォメーション

白い家（群馬県某所）

怪異情報：不可解な構造で知られる廃屋。住人が自殺し、その死体がねずみに食い荒らされ白骨化していたという噂がある。

住人が白骨化して発見されたいわくつきの廃屋へ

三階建ての廃屋で、その内部の構造が不可解なことでも知られている。これまでに多くの心霊・廃墟の愛好家たちが検証に訪れている。

なぜか2階に玄関らしき扉が…。早くも不可解な構造を目の当たりにし、不穏な空気が漂う。

1階のガレージ内に入り探索するも、2階には行けない。やはり2階にあったドアが入り口なのだろうか？

2階に玄関？不可解な構造に困惑

通称〝白い家〟と言われる3階建ての廃屋。ここは、その不可解な建物の構造や、家主の死にまつわる噂で全国的にも知られている。この家の和室で家主が自殺し、その遺体がネズミや虫に食い荒らされ、白骨化して発見されたという。さっそく探索を始めるメンバー。廃屋に近づくと、1階に

側面の勾配を上がって玄関らしき扉へと向かうメンバー。たどり着くと、そこには一般的な住宅の玄関が。

念のため、内田が周囲を調べたが、家屋の中へはここからしか入れないようだ。

床にはネズミの糞が散乱している。噂では住人の遺体はネズミに食い荒らされていたというが…。

床に散らばる住人を食い散らかした者たちの痕跡

はガレージらしきスペースがあるのみで、入り口が見当たらない。見上げると、2階に玄関らしきドアを発見した。とりあえずガレージ内部を探索するが、2階へと続く経路が見当たらない。やはり2階から入るしかなさそうだ。噂どおり、あまり常識では考えられない構造を持った建物のようだ。改めて、建物の横の勾配を上がり、玄関を目指すメンバー。たどり着くが、玄関と外を繋ぐ階段などは見当たらない。家主はどのように出入りしていたのだろうか？

疑問を抱きつつも、メンバーはいよいよ家屋内部の探索のために、玄関をくぐって内部へ侵入する。

浴室の扉を開けると異様な臭気が一面に広がる。長年放置されていた経年劣化のせいか、それとも…。

長年放置され異臭で満ちた浴室

近くにあったトイレには大量の虫が発生。この家屋は、いたるところで虫が大量に発生している。

メンバーはさらに探索すべく、3階へと向かう。その手すりには、さらに大量のネズミの糞が…。

ドアノブが取れた扉を開けると、そこはダイニングルームだった。キッチン回りに経年の跡が見られる。

開かずの扉から聴こえてくる謎の声

奥にある部屋を開けようとすると、内側が引っかかっているのか開かない。そのとき、メンバー全員が謎の声を聴いた。

和室の一部が崩れ、先ほど入れなかった部屋を覗くことができた。臭いはそこから漂っている。

和室に入ると、そこでも先ほどかいだ異臭が。さらに、何かを引っかくような音をメンバーは耳にする。

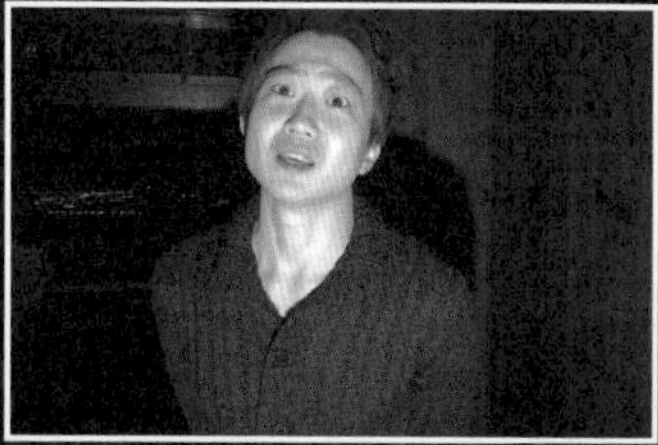

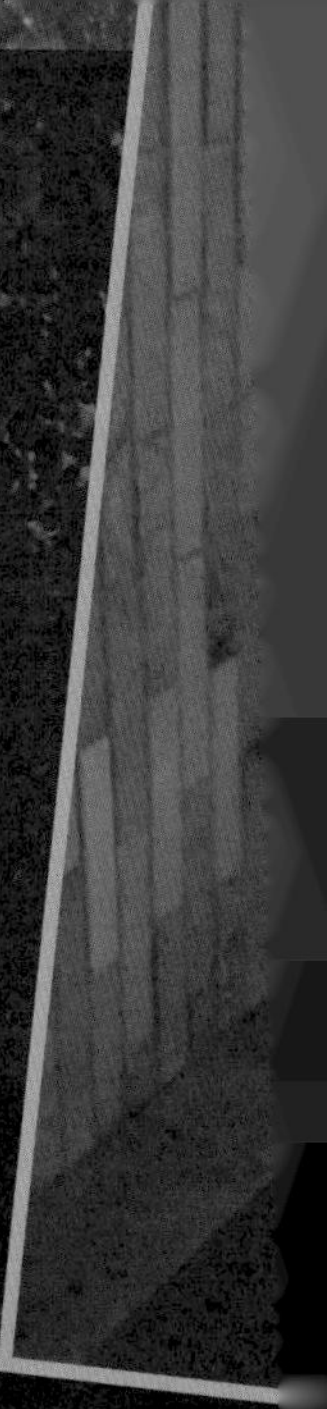

ゾゾゾゾ

ゾゾゾポイント 4

臭いのする部屋の扉が開かなくてよかった

異臭が漂う「開かずの扉」その内部にあるものとは？

建物内部は経年によって荒らされていた。浴室、トイレなどの水回りからは、異常な臭気が漂い、メンバーの不安を煽る。さらに床を見ると、大量のネズミの糞と思しきゴミや虫の死骸が散乱していた。「家主の遺体がネズミや虫に食い荒らされていた」。この廃屋にまつわる噂がメンバーの脳裏をよぎる。しかし、探索はまだ終わっていない。メンバーはさらに3階へと進んでいく。この階にも、なぜか浴室、トイレがあり、さらに奥には謎の扉が。開けようとすると、内側が引っかかっているのか開かない。そして、異臭はここから漂っていることが判明した。そのときメンバーは謎の声らしきものを聴いた。正体がわからぬまま、3階の和室を捜索。すると部屋の一室が崩れ、先ほどの開かずの扉の部屋の内部が覗けるようになっていた。内部を観察するとドアを塞ぐものは何もない。この部屋の侵入を妨げていたものの正体はつかめないまま、今回の探索は終了した。

EPISODE 15

ホテル藤原郷

浮遊霊の巣窟と化した廃ホテル

インフォメーション

ホテル藤原郷（群馬県利根郡）

怪異情報：浮遊霊が集まる場所としてテレビ等のメディアでも度々取り上げられる有名心霊スポット。

この日もスペシャルゲストの長尾が登板。さらに、不在の内田のピンチヒッターとしてたけるが登場。

廃墟とは思えないほど、様々な残留物が残されたフロント。どのような事情で、廃業したのだろうか？

戦慄の廃ホテル 入り口から 禍々しい雰囲気

メディアにも登場した 超有名心霊スポット

今回ゾゾが訪れたのは、これまでテレビをはじめとした様々なメディアで取り上げられてきた有名心霊スポット「ホテル藤原郷」。近くには有名な温泉地もあり、過去に湯治目的の観光客でごった返した場所だ。一説によると、霊は人が集まっていた場所に引き寄せられるのだという。浮遊霊が集まる場所として、地元住民からも恐れられている。

開発の犠牲になった村落を偲ぶ跡

この地域一帯は、ダム開発のために多数の村落が犠牲になったらしい。その怨念がこの場所に集まっている?

ここから落合・皆口と長尾・たける(今回の応援スタッフ)の二手に分かれて捜索を開始する。

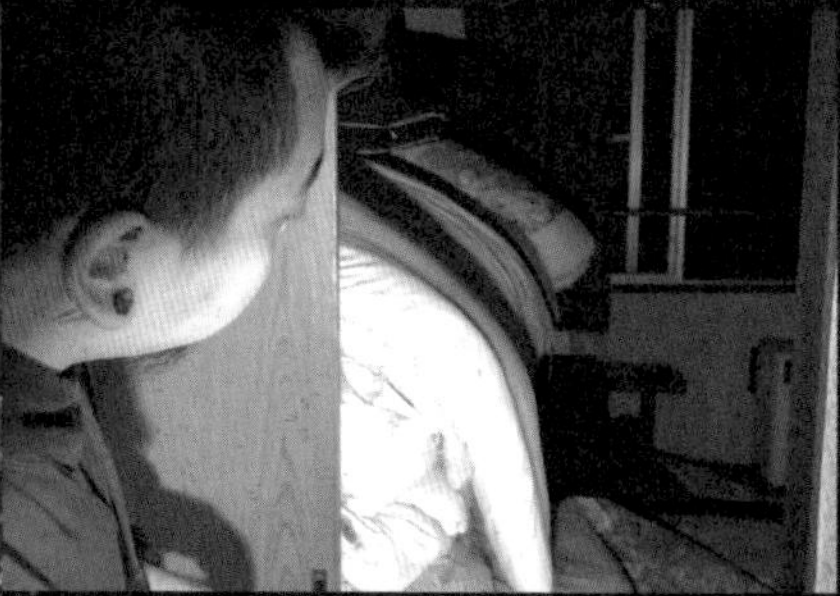

3階に向かった長尾・たける組がまず発見したのは、大量の布団が積まれた部屋。

1階に向かった落合・皆口のふたり。延々と続く廊下の長さから、施設の巨大さが伝わる。

冒頭コメントを撮影していると、いつもと風景が違う。内田がいない。度重なる霊障から、この日はお払いに行っているのだという。しかし、落合１人で立ち向かうには、ホテル藤原郷は難敵だ。ということで、内田の代わりにたけるがスタッフとして参加。今回は心霊写真を撮ることを目的に探索を進めていく。さっそく館内に入ると、フロントには古びた人形をはじめとして、多くの残留物が積まれていた。その禍々しい雰囲気に、いきなりメンバーは出鼻をくじかれてしまう。どうにか階段にたどり着き、ここからは二手に分かれて探索を進めていく。

ここは浮遊霊が集まる宴会場？写真の端に謎のモヤが…

おそらく宿泊客の食事やイベントなどが開催されたであろう3階の大広間。長尾が撮影したところ、写真の右に謎のモヤが写りこんだ…。

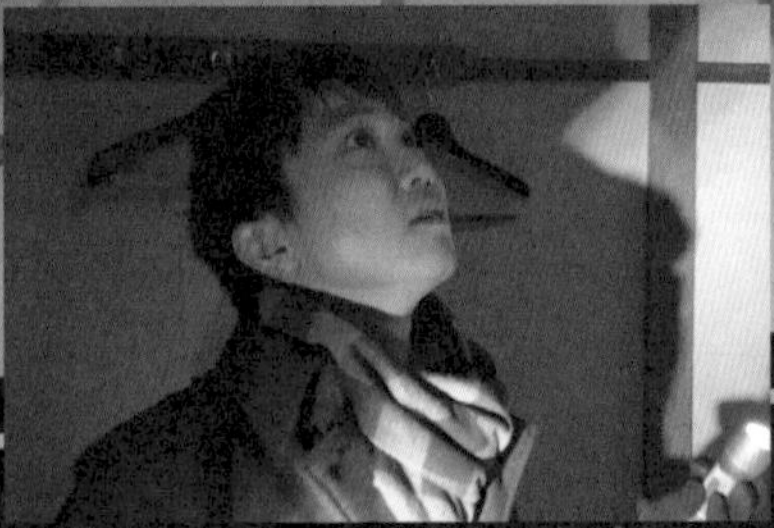

一方、1階にある和室を探索する落合と皆口。部屋のリポートをしていると、落合が反応。「天井から足音がする」。

徐々に存在を露わにする浮遊霊たち

入り口のあった2階から、長尾と今回のピンチヒッター・スタッフたけるは3階、そして落合と皆口は1階とそれぞれに探索を開始。3階の探索を開始して早々に、宴会場らしき大広間を発見した長尾。「幽霊は人が集まる場所に引き寄せられる」。その噂にしたがうように、室内の撮影を開始。このとき2人は気づいていないが、ここで撮られた写真を確認すると、写真の右側にモヤのようなものが…。見切れた浮遊霊が残した痕跡だろうか？

一方、1階の探索を進める落合と皆口。数ある部屋から1室を選んで調査していたら、落合が足音らしき物音を聴いた。この出来事は、後ほどの身がすくむ出来事への布石となる。それぞれの探索を終え、2組が合流したところ、地下フロアがあることが判明。そこへと歩みを進めると、不自然なほどのゴミが詰まれた浴場を発見した。謎の額縁、熊の剥製などなど、見るも無残な残留物に、メンバーはただならぬ気配を感じ取る。

不気味な残留物が積まれ瘴気が満ちる地下フロア

浴槽に詰まれたゴミの山。当時の物をそのままに退去したのだとしたら、なぜここにゴミが集められたのか?

生前時を思わせる熊の剥製。まるで侵入者を威嚇するような表情に恐怖を覚える。

おそらく管理人のものと思われる家族写真。私物まで放置して出て行かなければならなかった理由とは?

入り口のあった2階へ戻ろうとする途中で、管理人室を発見。その内部もゴミで埋め尽くされていた。

まったく正体が分からない実証実験で撮られた謎の光

長尾の実証実験中に取られた謎の光。カメラの照明などを考慮しても、なぜこのような写真が撮られたのかは不明。

怪奇現象が頻発した部屋は、天井や壁が剥がれ落ち、他の部屋とはレベルの違う荒れ方をしていた。

同じタイミングで取られた1枚には、オーブ（浮遊霊のいる環境で写るという物体）が多数写りこんでいた。

とうとう撮った！ 長尾のカメラに霊の姿が

その後、2階へ戻ったメンバー。見過ごしていた部屋の探索を始めたところ、他とは異質な雰囲気の部屋を発見。ここで落合が部屋に残り、30分間ひとりで過ごす間に何が起こるかを検証することに。20分ほど経過したところで、異変が起こる。廊下側から足音を聴いた落合。メンバーのいたずらか？

確認のために廊下に出たところ、落合は恐慌きたしながら外で待機するメンバーに合流した。「廊下の奥の部屋のドアが閉まるのを見た」。メンバー全員で確認すると、該当する215号室は、先ほど落合が天井からの足音を聴いた部屋の真上に位置していた。その部屋の内部は、おぞましくカビに侵食され、他の部屋とは異質なほど荒れていた。ここで心霊写真の撮影係に長尾が指名された。部屋の各所でシャッターを切っていたところ、カメラに異常が発生。ひと通りの撮影を終え、今回の探索は終了。後日、写真を確認したところ、正体の知れない何かが写っていた（上の写真）。

探索中に ゾゾゾが経験した 数々の怪奇現象

落合が検証実験をしていると、廊下側から謎の足音が…。今回の探索では常に「足音」がつきまとう。

足音を確かめるために廊下の奥へと行くと、廊下の奥の部屋のドアが閉まる瞬間を目撃。

足音の主が入っていったと思しき部屋を確認すると、そこは他とは一線を画す荒れ方をしていた。

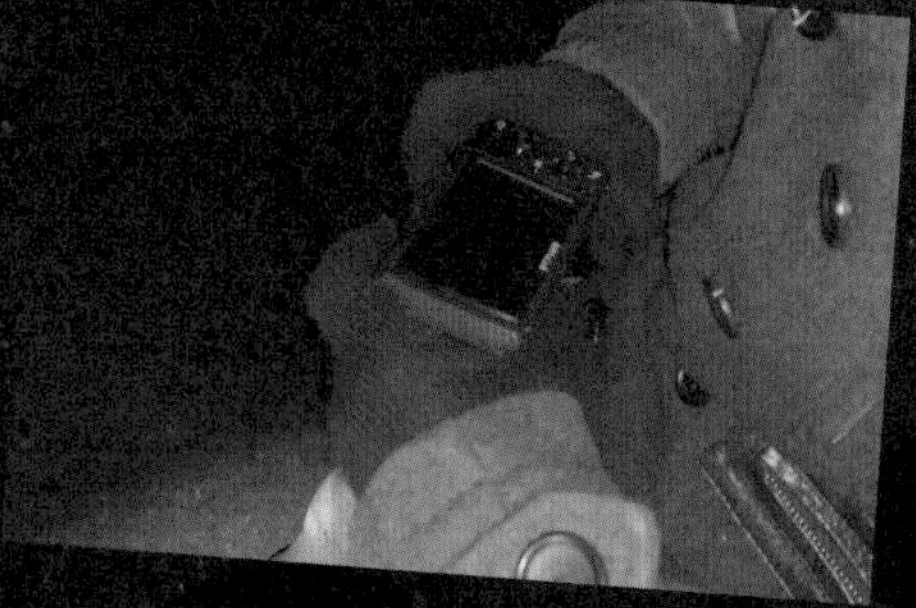

心霊写真を撮るために、ひとりこの部屋に滞在した長尾。撮影を行っていたら、カメラが不調に。

この部屋は、先ほど落合が「天井から足音がする」と言っていた1階の部屋の真上に位置していた。

ゾ ゾ ゾ ゾ ゾ

ゾゾゾポイント 5

ドアが閉まる音を聞いたし、見たし…ここはヤバイです。

EPISODE 16

群馬県3ヶ所

呪われろ落合! 霊障大作戦!!

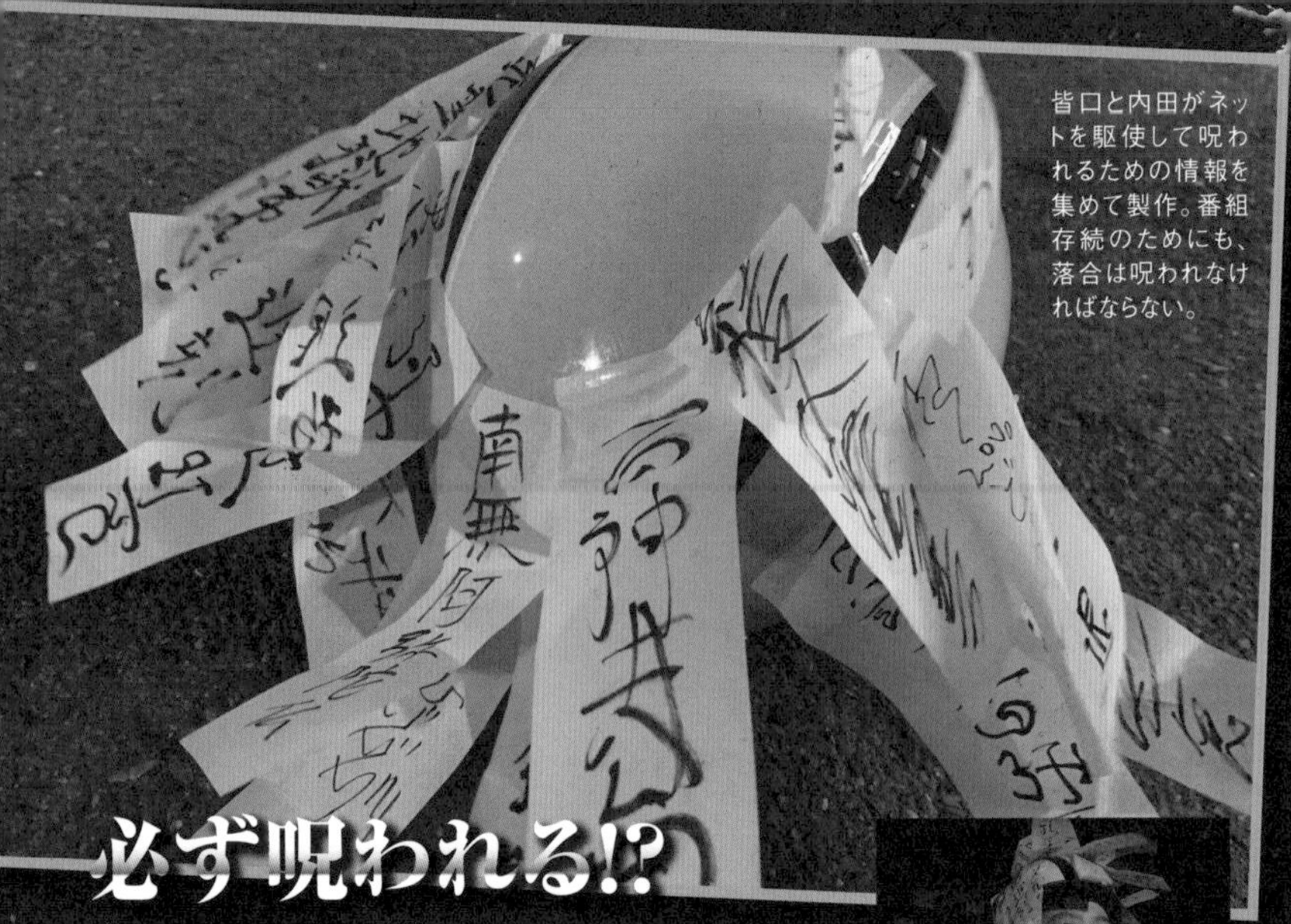

皆口と内田がネットを駆使して呪われるための情報を集めて製作。番組存続のためにも、落合は呪われなければならない。

必ず呪われる!? 秘密兵器・霊障ヘルメット

装着するとこんな感じ。風にたなびく呪いの札と落合の浮かない表情が、なんとも印象的だ。

インフォメーション

霊障ヘルメット

怪異情報：皆口と内田が手塩にかけて、霊や呪いを磁石のように吸い寄せるお札を張り巡らせたゾゾの秘密兵器

やらせ疑惑払拭のために皆口が秘策を投じる

ディレクター・皆口は悩んでいた。これまで何ヶ所もの心霊スポットを探索してきた。散々恐い目にも遭ってきた。しかしどうだろう。メインパーソナリティの落合はまったく無事ではないか。これだけ回数を重ねても健康体でいられたら、番組の信用に関わる。「ゾゾはやらせじゃないか」と。そこで一計を案じ、内田と夜なべしてこし

1つ目のスポット・松井田城跡をひとりで探索させられる落合。「こんな人生になるとは思わなかった」(落合)。

手作り感満載のヘルメットに、思わず落合の苦笑がこぼれる。今回の企画、どうなる?

落合の身に何が起ころうとお構いなしに、恐い話を続行する内田。稲川淳二の生霊が憑依しているに違いない。

番組的にひと山欲しいということで、内田の恐い話を聞きながら探索をすることに。タイトルは「恐怖のお泊まり会」。

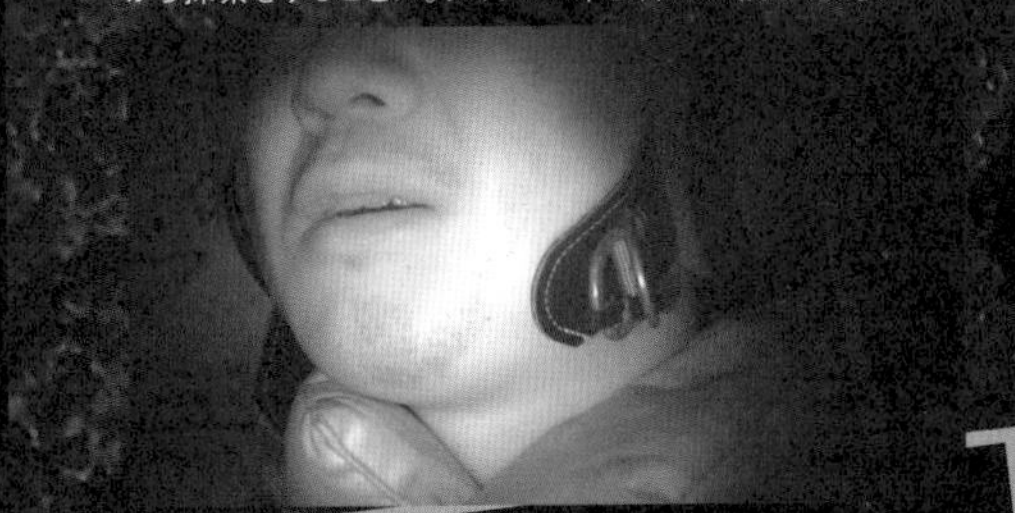

内田の恐い話が佳境に入り、山道を曲がろうとしたその瞬間、内田の声とは異なる物音が…。落合は慌てて退散した。

内田の恐い話に混じって謎の物音が…

らえたのが、秘密兵器「霊障ヘルメット」。霊を磁石のように引き寄せるというこのヘルメットを落合に被らせて行うのが今回の企画、題して「霊障大作戦」だ。晴れて落合には呪われた身になってもらおうではないか。まず1ヶ所目は松井田城跡。豊臣氏の小田原城攻めを期に落城し、その際に多数の死者を出したことから心霊スポットになっている。ただ探索するだけでは物足りないということで、内田の恐い話を聞きながらの探索となった。しかし、霊現象らしきものが起きたのだが、内田の話が邪魔でうやむやになったまま探索は終了。

群馬県のベストオブ祟られるスポット

戦国時代、首実検をされた生首が供養された場所として、現代でも祟りがあるといわれる。今回の大本命。

スタート地点から非常に近い距離感で佇む首塚。勇ましく歩き出すには、ちょっとさびしい。

祠の奥には、収められている首の持ち主たちの魂を沈めるように、如来像が鎮座している。

とりあえずレポートを開始。さすがは群馬県屈指の心霊スポット。掲げられた看板も雰囲気バツグン。

群馬屈指の心霊スポットを さらっとリポート

続く2ヶ所目は、首実検（討ち取った首の価値を判断する行事）された首が祀られている八幡塚の首塚。昭和６年には１５０体分の首が発掘されたという、群馬屈指の心霊スポットだ。伝承を聞くだけでも恐ろしげなこの場所。さぞかし落合もおびえているだろうと見てみると、なんだか気の抜けた表情。「だって、ここから近くない？」と落合。確かに、スタート地点と目的地は10メートルほども離れていない。ゾゾといえば、目的地にたどり着くのもひと苦労するような難所ばかりを訪ねてきた。百戦錬磨の落合には歯ごたえが足りないのかもしれない。とはいえ、せっかく来たので探索をしてもらう。外観のリポートもそこそこに、内部の撮影もこなす落合。とくにこれということもなく、皆口、内田のもとへ戻ろうとしたとき、それは起こった。足を踏み外した落合が転んだのだ！これはきっと、遊び半分でこの地を訪れたゾゾに対する首塚の怨霊たちの報復なのだろう（強引）。

知名度に対して落合の評価は低空飛行。150人分の怨霊も、呪いイップスの落合には通用しないか?

祟りを鎮めるためだろうか? 真新しいお供え物が所狭しと供えられている。

2ヶ所を回って、呪いの効果はまるでなし。このままでは企画倒れになってしまう。

落合の足もとをすくう首塚の怨霊たち

スタッフのもとに戻ろうとしたところ、足を踏み外した落合。首塚の怨霊の仕業だろうか?(たぶん違う)

これが切り札、北関東最恐スポットで呪われた遊びを敢行。さすがの落合でも、ひとたまりもないはずだ。

これでどうだ! 心霊スポットでこっくりさん

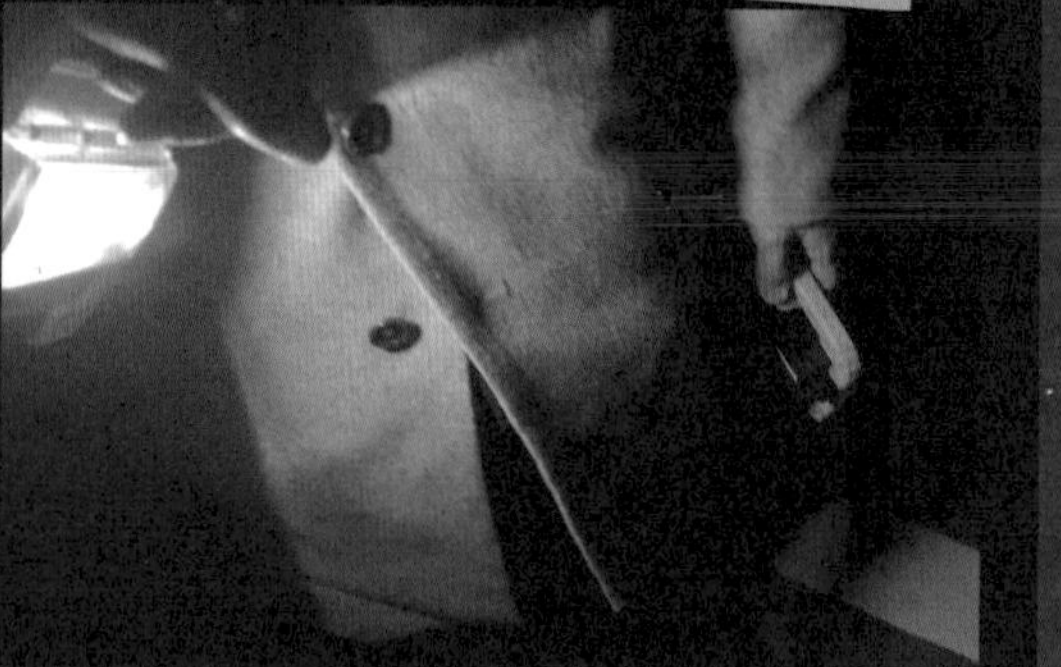

「申し訳ないんだけど、3ヶ所目調べてない」。ここで内田、まさかのカミングアウト。どうなる、霊障大作戦!

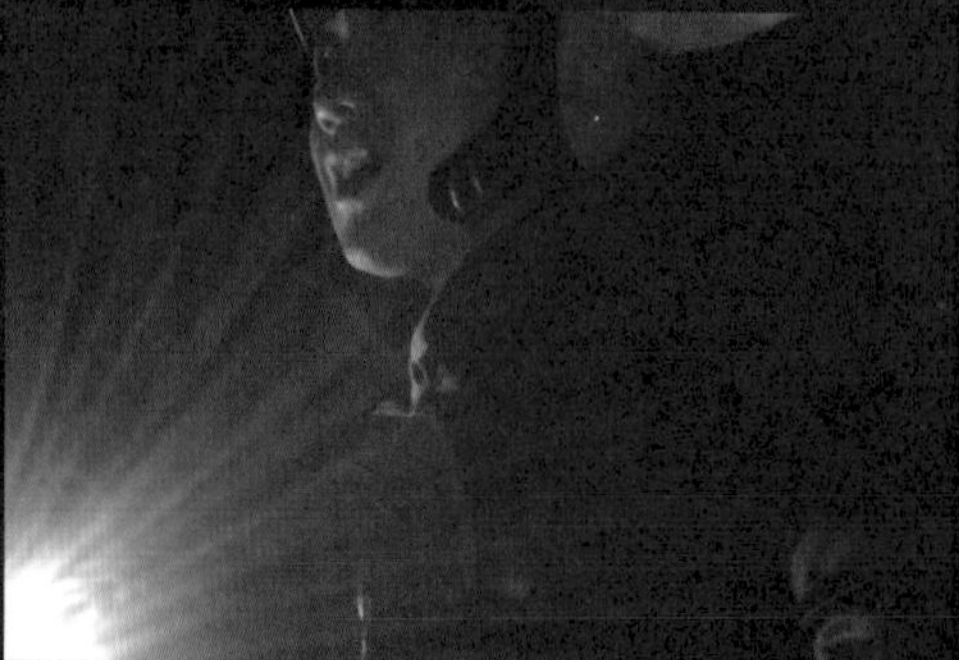

一方の落合は、だまされているとも知らずに通常運転で探索を開始する。

「ここは通称“ブランコのある公園”」。それっぽい場所でロケをはじめ、それっぽいことを言ってお茶を濁す内田。

園内に散在する墓碑のようなもの…？

「この公園、墓っぽいのがたくさんある」と落合。すみません、それただの歌碑です。

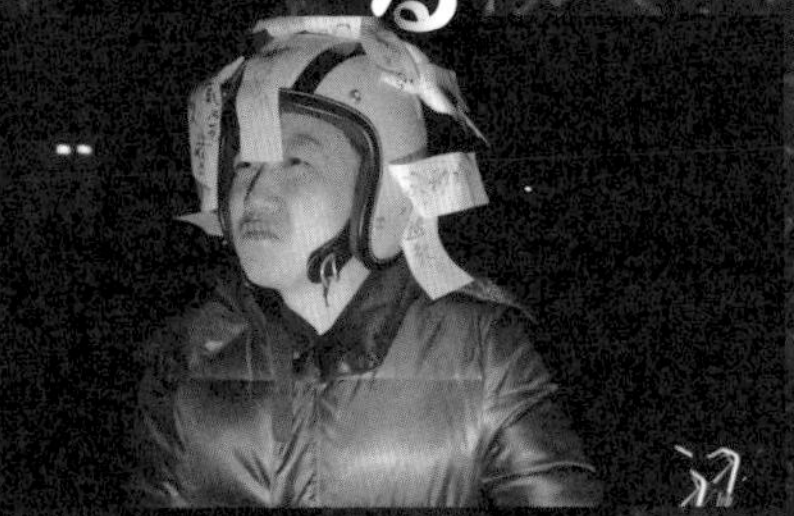

落合「こっくりさんは?」。皆口「こういう場所ではやめた方が…」。落合「え、やらないの?」。

落合「ブランコないよね、さっきブランコっていってたけど」。内田「…(ヤバい!)」。

ゾゾゾゾ

ゾゾゾポイント 3.5

霊障があるかどうかといったら
たぶん今回は大丈夫だね

土壇場で企画崩壊 どうなる？ 霊障大作戦

「こんなもん？」。落合の表情には余裕すら浮かんでいた。しかし、皆口には秘策があった。心霊スポットでこっくりさんをすれば、いくら落合でも呪われるはずだ。最後の秘策を発表し息を巻く皆口に、内田が小声で話しかける。「3ヶ所目調べてない。忘れてた」。ここに来て企画を根底から覆すようなことを打ち明ける内田。「どうするの？落合さん、きっと怒るよ」（皆口）。「そう思ったから言えなかった」（内田）。とにかくそれらしい場所でロケをしてお茶を濁すことに決めた2人は、車を走らせる。目的地も定かではないまま…。とりあえず公園を見つけて探索が始まった。ただひとり、落合が知らないまま。「木が不自然に長くない？」、「墓みたいなのがいっぱいある」、ひとり真剣にリポートをする落合だが、皆口と内田はバレないかと気が気でない。「こっくりさんは？」。そうたずねてくる落合をなだめすかしながら、強引に探索を切り上げた。霊障大作戦、見事に花と散った。

ゾゾゾが選ぶ

世界の実録事件簿 殺人鬼編

まるで映画に登場する怪物のような殺人鬼たち。しかし彼らは現実に存在する。我々のような常人の想像をはるかに超えて、世間のモラルを破壊するシリアルキラーたちが残した血の足跡をたどってみよう。

Edward Theodore Gein

PROFILE

- ▶墓場を荒らしては女性の遺体を持ち帰り解体を繰り返していた。
- ▶彼が殺害したのは2名。（いずれも女性）
- ▶解体した遺体を加工して食器や椅子、アクセサリーなどを作っていた。

ZOZOZO CASE FILE 01

エド・ゲイン

映画のモデルになった殺人鬼の代名詞

エド・ゲイン（本名エドワード・セオドア・ゲイン）。彼が殺害したのは公式発表で2名とされており、連続殺人犯といわれるほどの数では無いものの彼を知るものは多い。その異常性は、のちに数多くの映画や小説のモデルになるほどであり、20世紀を代表する殺人者と言っても過言ではない。ゲインは1947年（当時41歳）から複数年に渡り、墓を40回訪れ埋葬されたばかりの死体を多数掘り返している。

彼が盗んだ遺体は全て女性であり、盗んだ遺体は解体して食べる、加工するなどの行動を繰り返していたという。

1957年、ゲインは自宅近くの女性が行方不明となった事件で逮捕される。

警察が家宅捜索したところ、行方不明となっていた女性の遺体を発見。また、彼の自宅からは全部で15名の遺体が見つかり、別で行方不明になっていた女性1名の遺体も発見された。

どれも解体されており、一部は衣類や食器・家具に加工され、また一部は食用として保存されていたという。

ZOZOZO CASE FILE
02

テッド・バンディ

鮮血のハンサム・ボーイ

セオドア・ロバート・バンディ…通称「テッド・バンディ」は、1974年～1978年の間に少なくとも30名以上の女性を殺害している。ケガ人や障害者のふりをして女性に近づき、予定の場所（車など）まで連れていくと犯行に及んだ。また非常にIQが高く、心理学や法律にも精通していたため、裁判の際は自らの弁護を自身で行っていた。その一方、自身の欲求が抑えられなかったのか、数回脱獄をしており、その間にも女性を殺害している。1980年に3度目の死刑判決を受け、1989年に死刑は執行された。電気椅子であった。

Theodore Robert Bundy

PROFILE

- 連続殺人の犯人はセオドア・ロバート・バンディという男。
- 分かっているだけでも30名以上の女性を殺害している。
- 異常な性癖を持ち、殺害した女性を屍姦していたとも言われている。

ZOZOZO CASE FILE
03

ジョン・ウェイン・ゲイシー

「殺人ピエロ」のモデル

ジョン・ウェイン・ゲイシー…1972年～1978年の6年間で、少年を含む33名を殺害したシリアルキラー。2017年には映画化もされた「IT／イット」（スティーヴン・キングの小説）のモデルとなった人物である。休みの日にはピエロに扮して福祉施設を訪れるなど、慈善活動にも積極的に参加していたことから、「殺人ピエロ」と呼ばれた。警察が立ち入った時、彼の自宅から29体の少年の遺体が発見された。1994年、薬物注射によって死刑執行。通常7分前後で絶命するところ、彼は苦しみながら20分近く生きたといわれている。

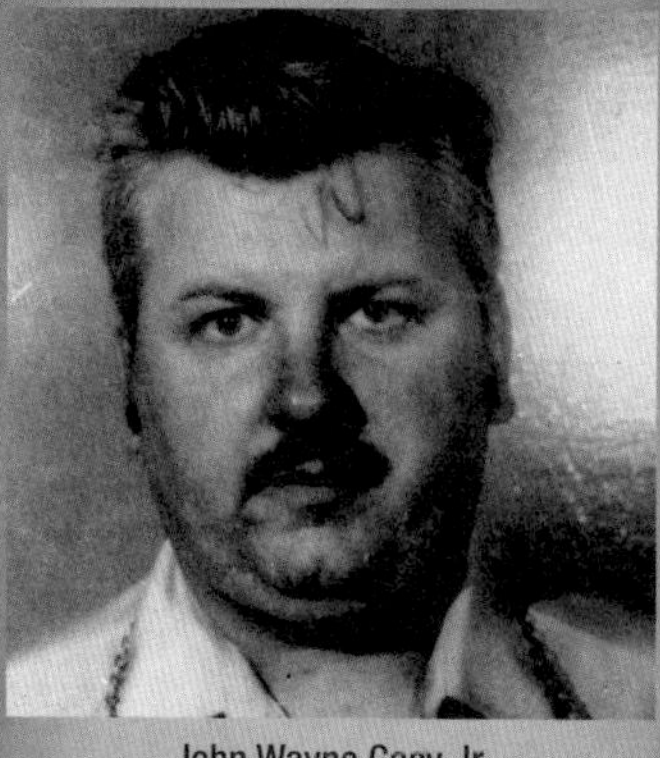

John Wayne Gacy Jr

PROFILE

- 1972年～1978年の6年間で33名を殺害。
- 異常な性癖を持ち、少年をターゲットにしていた。
- ピエロに扮して社会活動を行っていたため「殺人ピエロ」と呼ばれた。

ZOZOZO CASE FILE
04
アイリーン・ウォーノス
「モンスター」と呼ばれた女殺人鬼

1989年~1990年の約1年の間に、7人もの男性を殺害した女性シリアルキラー、アイリーン・ウォーノス。売春婦として男性に近づき、銃で殺害すると金品を奪って逃走を繰り返すというもの。それは彼女自身が生きるためであり、恋人ティリアとの生活を守るためでもあった。犠牲となったのは7人。全員、売春目的でアイリーンの誘いに乗った男性だった。ある日、アイリーンが乗っていた車が事故を起こし、それが犠牲者のものだったことで逮捕。6件の事件で死刑判決を受け、2002年に薬物注射によって死刑が執行された。

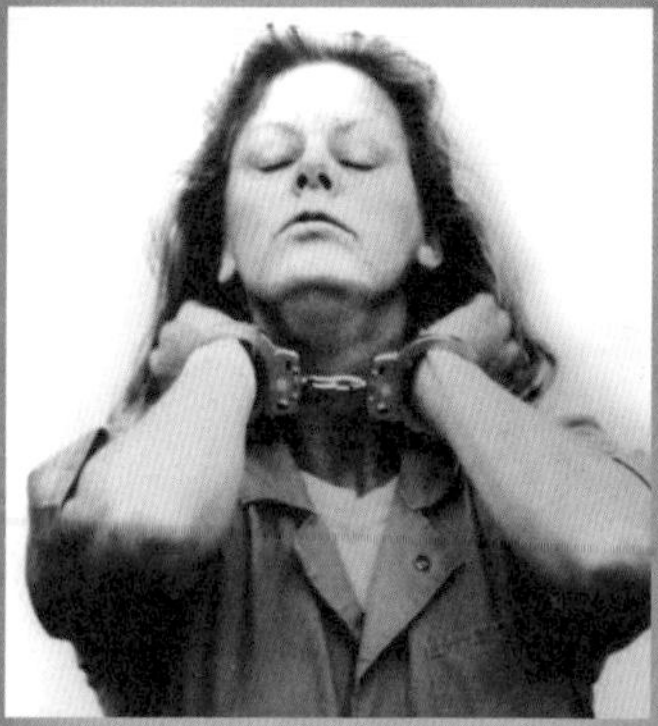

Aileen Wuornos

PROFILE

- 1989~1990年の約1年間に7名の男性を殺害した。
- 売春婦として男性に近づき、殺害すると金品を奪い逃走を繰り返した。
- 2002年に薬物注射によって死刑が執行された。

ZOZOZO CASE FILE
05
ジョー・ボール
「アリゲーターマン」と呼ばれた男

ジョー・ボールは、「ソーシャブル・イン(Sociable Inn)」という名の酒場の店主。この店の敷地内の池には、5頭のワニが飼育され人気を博していた。しばらくして、この地域で女性の失踪が報じられるようになった。その中には、彼の店で働いていたウェイトレスや、元妻などが含まれていた。保安官の取調べ中、ボールはレジ下に隠していた銃を取り出すや否や、自分の心臓を撃ち抜き自殺。捜査の結果、従業員のクリフォード・ホイーラーの供述によって、ボールは少なくとも20名以上の女性を殺害、ワニの餌にしていたことが判明した。

Joseph D. (Joe) Ball

PROFILE

- ジョー・ボールの職業は酒場の店主。
- ボールは酒場の敷地内に池を作り、ワニを5頭飼っていた。
- 雇っていたウェイトレスら20名以上を殺害しワニに喰わせていた。

ZOZOZO CASE FILE 06

ジョゼフ・キブウェテレ
ウガンダ最凶のカルト神父

ジョゼフ・キブウェテレ…1932年にウガンダで生まれたこの男は、敬虔なカトリック信者であった。1984年、52歳のときに天啓を受け、ウガンダ南西部カンヌグ郊外で「神の十戒の復活を求める運動」を設立。「1999年12月31日、この世は滅びる」という聖母マリアの啓示を広める布教活動を始め、貧困層から絶大な支持を受けた。その後、彼はXデーを2000年3月17日に延期する。2000年3月17日の朝、ジョゼフは信者達を新教会に集め、扉を閉めると教会を爆発させた。教会は瞬く間に炎に包まれ、信者全員が焼死。およそ500名が犠牲になった。

Joseph Kibwetere

PROFILE

- ▶首謀者はジョゼフ・キブウェテレというウガンダ出身のカトリック信者。
- ▶ジョセフは終末思想を掲げカルト教団を設立、多くの信者を集めた。
- ▶終末思想に陥ったジョセフは、毒殺や爆殺により多くの信者を殺害した。

ZOZOZO CASE FILE 07

モーゼス・シトレ
懲役2410年の超凶悪犯

モーゼス・シトレは1994年~1995年のおよそ1年間で、少なくとも38人の女性を殺害した。彼は、慈善団体を運営しているように装い、求職に来た女性に犯行を繰り返していたという。また、6つの偽名を巧みに使い分け、犯罪は常習的に行われていたようだ。1995年、殺害を免れた1人の被害者の証言、捜査協力をしたFBIのプロファイリングにより逮捕。38件の殺人、40件の強姦の罪で懲役2410年が科せられた。仮釈放請求には、少なくとも930年が必要だという。彼の一連の事件は地名の頭文字を取って「ABC殺人事件」と呼ばれている。

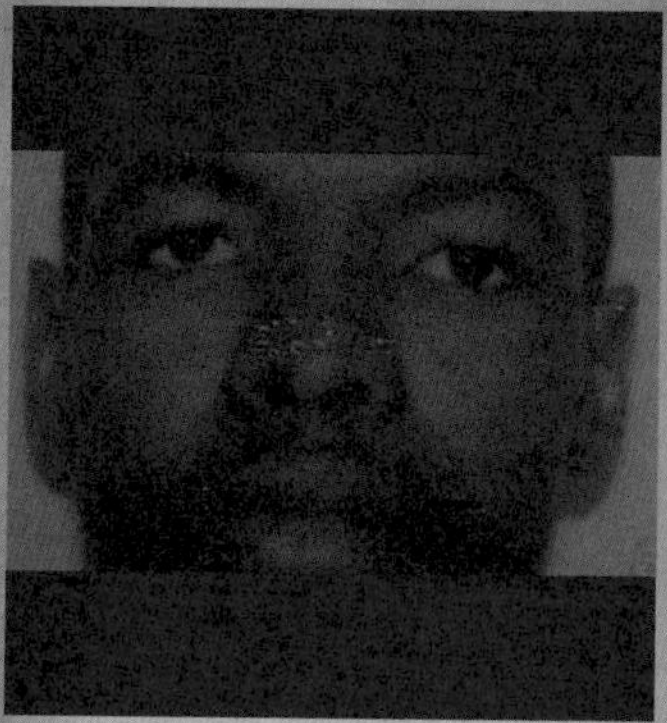

Moses Sithole

PROFILE

- ▶モーゼス・シトレは南アフリカ出身の男。
- ▶1994~1995年にかけて南アフリカで少なくとも38人を殺害した。
- ▶女性ばかりを狙い、性的暴行を加えた後に殺害をしていた。

ゾゾゾが選ぶ

都市伝説 奇妙なコト・モノ編

世にはびこる様々な都市伝説のなかでも、ゾゾゾの目にとまったネタをご紹介するこのコーナー。ここでは、なんとも奇妙な余韻を残すコト・モノに注目していきたい。世の中は「不思議」であふれている。

ホルマリンプールって何？ 「死体洗いのアルバイト」

日本の大学の医学部と歯学部では、授業に死体解剖実習が必ず組み込まれている。死体を解剖前に洗浄・保存する作業を高額な時給でアルバイトに行わせているという。よく語られているのは、洗浄前の死体がホルマリンのプールに沈められている、浮いてくると棒で突いて沈めるという話である。これは、大江健三郎の小説「飼育」に登場する描写がルーツと思われる。

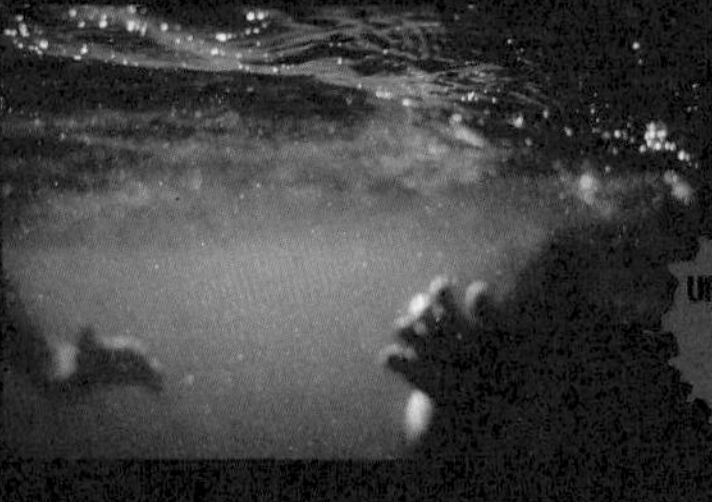

あなたを迎えに行くよ… 「黄色い救急車」

黄色い救急車とは、「精神異常者を精神科病院に連れていく」という都市伝説である。黄色の塗装をした救急車のことであり、イエロー・ピーポーとも呼ばれている。内容としては「一般的には白い救急車が来るところだが、精神異常者には“黄色い救急車”が来て、病院に連れて行かれる」というものである。地域によっては、緑色、青色、紫色などのバリエーションがある。

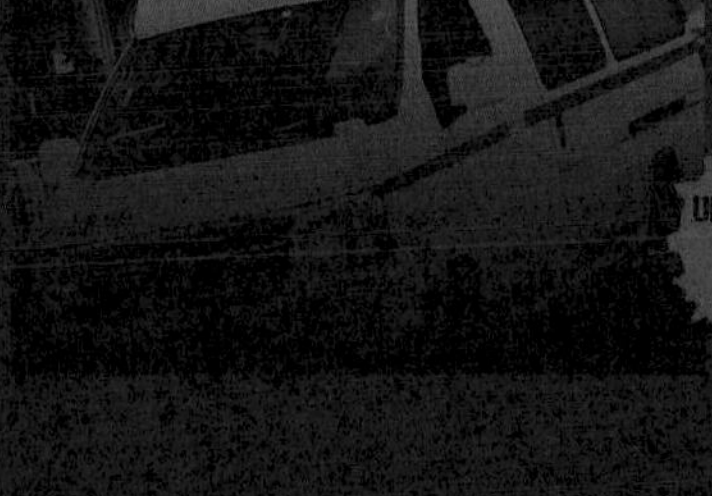

引っ張ったらアウト「耳から白い糸」

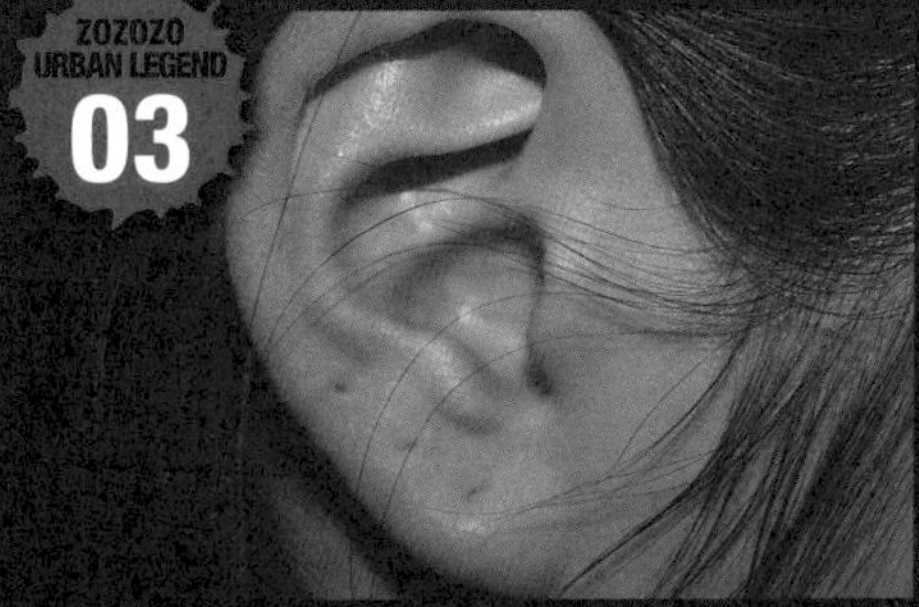

「耳から白い糸」とは、「耳に開けたピアスの穴から白い糸が出てきたので引っ張ったところ、糸は急にちぎれ、その人は目が見えなくなった。その糸は視神経だったのだ」という都市伝説。「脳幹神経の一部を引っ張り出してしまった」という説明がつく場合が多い。「失明した事を怨み、ピアスをしている人の耳を齧る『かじり女（カオルさん）』になった」など、派生した都市伝説もある。

呪われた巨木の伝説「泣く木」

「泣く木」は、北海道栗山町内を流れる夕張川の東側の河畔にある樹齢300年ほどのハルニレという木である。昭和7年（1932年）、国道工事のために伐採しようしたところ、木が「泣き声」を上げ、ノコギリが折れてしまった。別の作業員が斧で切り込んだところ柄が折れ、刃先が腹に刺さって出血多量で死亡。数々の事故が起き。結局ハルニレは残され、地元住民から「泣く木」と呼ばれるようになった。

語り継がれる悲しい逸話「カーテンの向こう」

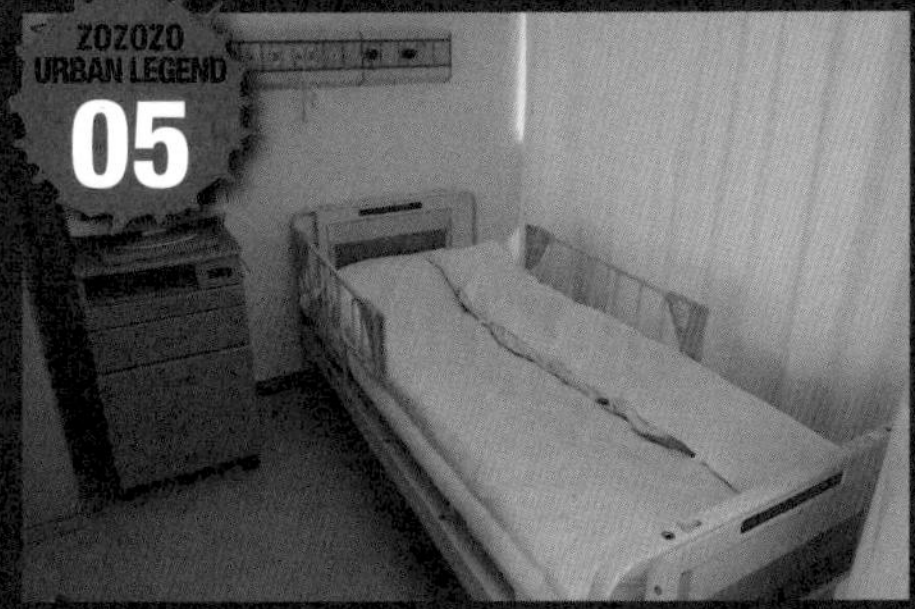

病室のベッドに横たわる2人の患者。窓側の男は、窓の外が見られない壁側の男に窓の外の風景を話していた。窓側の男が語る外の世界の様子に壁側の男は癒やされつつも、外の風景を独占する窓側の男への嫉妬から、窓側の男の死を願っていた。ある日、念願が適ってか、窓側の男は亡くなった。壁側の男は内心喜んだが、窓の外にあったのは窓を覆う冷たいレンガの壁だった。すべて窓側の男の作り話だったのだ。

連鎖する死のドライブ
「白いソアラ」

ZOZOZO URBAN LEGEND 06

1980年代頃から語り継がれている有名な都市伝説。国道沿いの中古車販売店に、白いソアラが数万円という破格の安値で展示されていた。当然、その車は早々と買い手がついたが、奇妙なことに同じ白いソアラが再び中古車販売店で売られていた。先日の買い手が、運転中の事故で首が切断され死亡してしまったのだという。今でも、白いソアラは店先で次の「主人」を待ち続けているかもしれない。

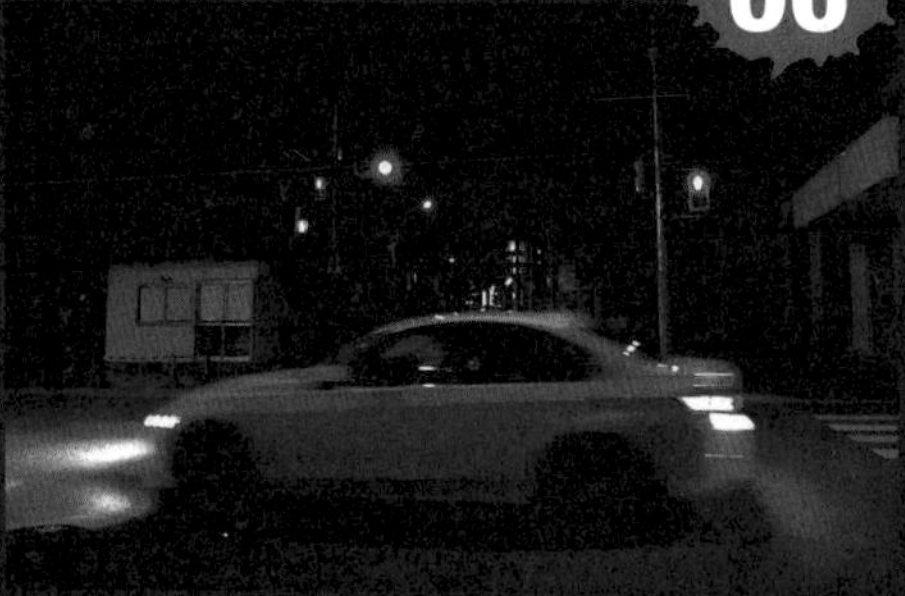

拾うのダメ、絶対！
「赤い封筒」

ZOZOZO URBAN LEGEND 07

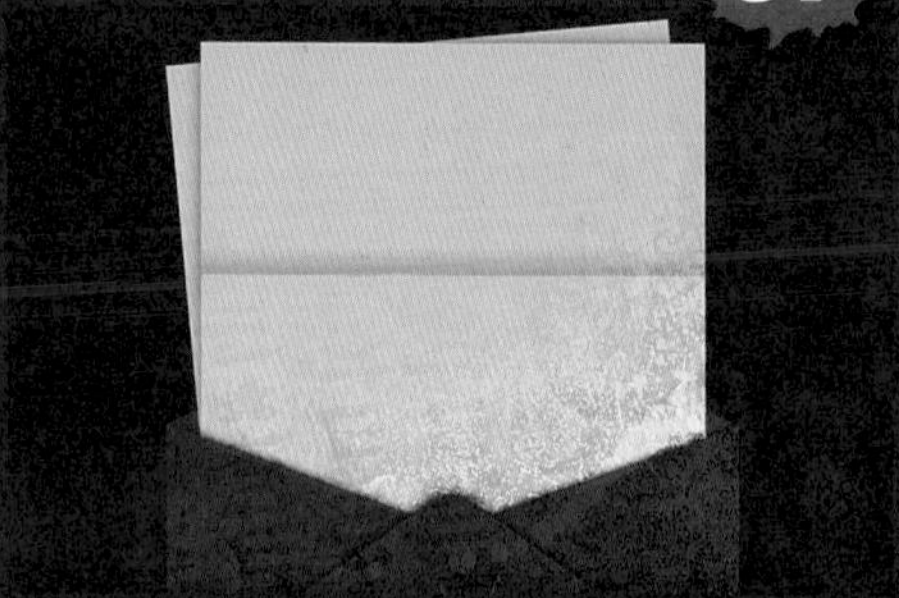

ある国では、女性が未婚のまま亡くなると、路上に遺族が紅包(赤い封筒)を置く。通行人がそれを拾うとそれを監視していた遺族が出てきて、死者との結婚を強要するという。その為、安易に封筒を拾うことは危険であるとされる。結婚には死者が相手を気に入る必要があり、その有無は占いで判断されるのだとか。封筒には現金や遺髪、死者の生前の写真などが入っているという。

ひとりでやってはいけない
「ひとりかくれんぼ」

ZOZOZO URBAN LEGEND 08

この遊びは、主に関西地方・四国地方で行われていた一種の降霊術である。いくつか用意する物、進行手順が細かく決まっている。具体的に用意するものや決まっている手順があるが、それはネットなどですぐに見つかるので、読者自身の判断で調べて欲しい。「隠れている間に奇妙な音がする」「ぬいぐるみが違う場所にいる」「テレビに奇妙な動画が映る」などの心霊現象に遭遇したという報告が多数されている。

都会のどこかにある魔の物件「赤いクレヨン」

ZOZOZO URBAN LEGEND 09

中古の一軒家を購入したある夫婦がある日、廊下に落ちていた赤いクレヨンを見つける。不思議に思った夫婦が家について調べると、この家には“もう一部屋あるはずの空間”があることがわかった。入り口らしき壁紙を剥がすと、そこには釘で打ち付けられた扉が…。扉を開けると、そこには何もなかったが、壁や床一面に赤いクレヨンでこう書かれていた。「おかあさん　ごめんなさい　ここからだして」。

絶対にマネしてはいけない「合わせ鏡」

ZOZOZO URBAN LEGEND 10

合わせ鏡には一定のルールがある。有名なのが、「午前0時ちょうどに合わせ鏡で自分を覗くと霊が見える」というもの。霊にとって区切りの時間で、鏡が霊の道になるのだとか。また「午前2時に合わせ鏡の前に立つと、自分の過去と未来が見える」というものもある。正面の鏡では未来が、後ろの鏡で過去が見えるという。なお、自分の未来や過去を見ることができる時間は午前2時から5分間だ。

地図から消えた村「杉沢村伝説」

ZOZOZO URBAN LEGEND 11

昭和初期、青森県にあったといわれる杉沢村で、一人の男が突然発狂し村人たちを惨殺。男はその後自殺したとされる事件が起きた。事態を重く見た行政は事件を隠蔽し、隣村に編入させ杉沢村は廃村となったとされている。インターネットが普及し始めた1995年頃に噂が広がり、その後テレビで特集されたことで全国的に有名となった。杉沢村には今も殺された村人たちの怨念が巣くっているのだという。

下手したら死ぬ？「扇風機の噂」

ZOZOZO URBAN LEGEND 12

扇風機の都市伝説とは、密閉された空間で扇風機をつけたまま眠ると、窒息や低体温症などで死亡するという健康にまつわるものだ。その由来は不明だが、1920年代に朝鮮半島で電気扇風機が普及するのと同時に、吐き気、窒息、顔面麻痺などを引き起こすのではないかと健康被害に関する懸念が広まったという。しかし、医学・科学的根拠は乏しく、エアコンが普及した80年代以降は、話題にならなくなった。

ひと目惚れした女性の正体は？「窓から外を見上げる女」

ZOZOZO URBAN LEGEND 13

とある男がマンションの一室から夜空を見上げていたときに、ふと向かいのマンションに目をやると、その部屋の住人らしき女も夜空を見上げていた。その後も男が夜空を見上げる度に、必ず女も夜空を見上げていることがわかった。男は彼女に惹かれ、彼女に会おうと決意して彼女の部屋を訪ねた。扉を開けると、そこには窓際で首を吊って死んでいる女がいた。死に姿が、夜空を見上げているように見えていたのだ。

禁じられた遊びの起源「こっくりさん」

ZOZOZO URBAN LEGEND 14

こっくりさんの漢字表記は「狐狗狸さん」。狐の霊を呼び出す降霊術と言われている。その起源としては、19世紀に西洋で流行した「テーブル・ターニング」にルーツがあるという説が最も有力とされている。テーブル・ターニングは、テーブルの上に手を載せている人の質問に対して、テーブルが音を鳴らしたり、傾いたりすることで答えを返してくるという占いの一種で、降霊術としてのこっくりさんと多くの共通点がある。

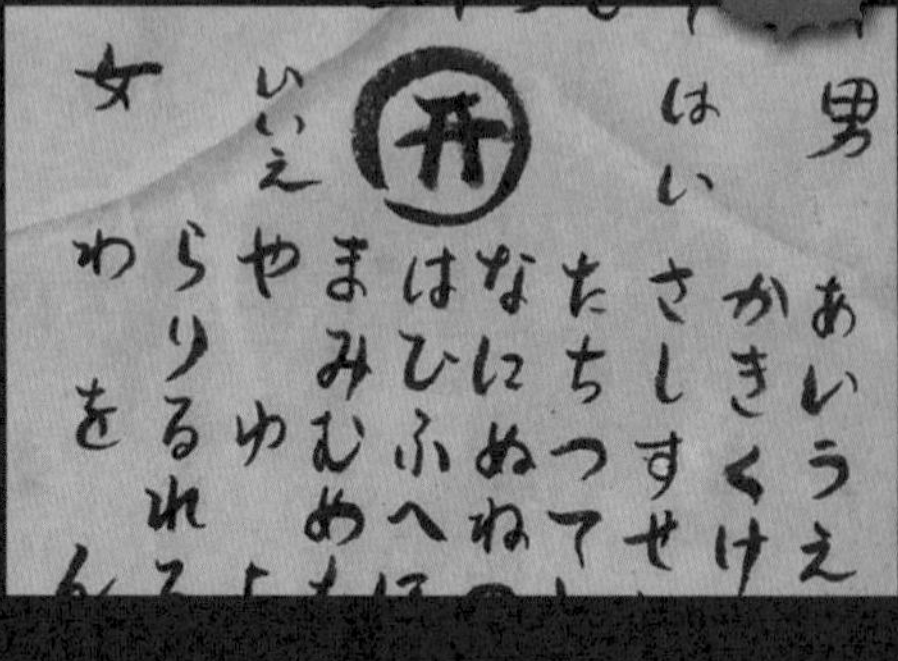

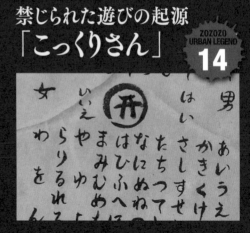

第五章

関東その他

EPISODE 17

明野劇場

廃ストリップ劇場で肝試しのはずが…

インフォメーション

明野劇場　（茨城県某所）

怪異情報：正式名称は明野第一劇場。ストリップ劇場で90年代に火事で全焼し廃墟に。地元では「黒焦げのエロス」と呼ばれ、肝試しスポットになっている。

繁華街ではなく、なぜか人里離れた林の中にポツンとあるストリップ劇場。なんでこんな場所に…。

草木の生い茂る田舎道を進むと、周囲の景色とは相反するストリップ小屋が、唐突にその姿を現す。

茂みの中から現れる背徳の殿堂

欲望の炎で焼け爛れたエロスの見本市

草木生い茂り、日もすっかりと暮れた茨城県の片田舎。いつものようにオープニングから撮影を始めるメンバーだったが、またしても内田がいない。「お払いと撮影がバッティングした」と皆口。

どうやら強めの霊に憑依されているようだ。変わりにピンチヒッター・たけるとスペシャルゲスト長尾が合流。今回は、火事によって全焼したストリップ劇場。地元で

恐怖のショーへと誘う 朽ち果てたエントランス

入り口から中を覗くと、焼け爛れた内部がチラリと見える。過去には男どもの欲望で満たされていた空間だ。

今回は、アヒル人形を置いてくる班と回収する班の二手に分かれて、肝試し形式で探索することに。

過去にはお立ち台と客席があった劇場内。ステージ含め、劇場全体が丸焦げになっている。

焼け残った鉄骨がむき出しに。このとき長尾は、鉄骨の部屋から聴こえてくる音に気づいていた。

は「丸焦げのエロス」と呼ばれる肝試しスポットを探索する。

草木生い茂る田舎道を進むと、程なくして廃墟が姿を現す。エントランスには「明野第一劇場」の文字。今回の目的地だ。肝試しスポットということで、メンバーはアヒル人形を隠す班と、見つける班の二手に分かれて探索をすることに。隠す班の長尾と皆口が、先行して劇場の内部へ。焼け爛れたステージと客席に息を飲む2人。鉄骨の方から謎の物音が聴こえてくる。音の方向を目指して2階へと進んでいく。

天井からぶら下がる赤いヒモは異界と現世を結ぶロープ？

照明室だったと思しき部屋も焼け焦げている。椅子の左側には謎の赤いヒモが…。これが後の怪奇現象の布石となる。

不穏な気配を感じた長尾と皆口は、配電盤の中にアヒルを隠し、早々にこの場を退散することに。

椅子にも同じヒモが無造作に捨てられている。誰が、何のために持ち込んだものなのだろうか？

食い違う赤いヒモの所在場所の意味とは？

2階に登ると、照明室だったと思しき部屋を発見。なぜかその部屋の天井から赤いヒモがぶら下がっている。さらに置かれていた椅子には大量のヒモが…。不気味な何かを感じ取った長尾と皆口の2人は、人形を配電盤に隠し、足早にその場を離れた。

落合とたけるの探索班が続いて劇場内部へ侵入。ステージ裏、別棟の小屋などを探索した後、お立ち台近くのソファに残された赤いヒモを発見。探索のヒントを発見し、その周囲を探すがアヒル人形は見つからない。確認のため長尾に連絡したところ、赤いヒモの位置が食い違う。とりあえず合流し、長尾たちが見つけた赤いヒモの場所を確認することに。なぜ天井から？　なぜ大量に？　疑問が憶測を呼び、邪教の儀式、変態の危険な遊びなど、おぞましい想像が膨らむ。おそらく、劇場を探すとまだまだ赤いヒモは見つかるはずだ。とりあえずアヒルを回収し、この日の探索を終えた。真新しい赤いヒモの謎を残したまま…。

ゲーム感覚で潜入した先は赤い恐怖で縛られていた

長尾・皆口が残したヒント「赤いヒモ」。その断片を見つけた落合とたけるの2人。恐怖の展開に一歩近づく。

合流し、それぞれの言う赤いヒモの場所を確認する。照明室の椅子に置かれたヒモに、慄く落合。

長尾・皆口の言う赤いヒモと落合とたけるが見つけた赤いヒモ、それぞれの場所が食い違う。

とりあえずアヒル人形を回収して、この不気味な劇場を後にするメンバーたち。

劇場と比較すると真新しいヒモ。この場所で何者かが儀式で使った？　長尾の想像が外れていることを祈るばかりだ。

ゾゾゾゾ

ゾゾゾポイント

3.5

肝試しで使うんだったら
この雰囲気はばっちり

EPISODE 18

山の廃別荘ホテル

噂をたどり、ゾゾゾが見たものとは?

心霊の噂が絶えない謎の廃ペンション群

その名に「別荘」を冠するだけあって、広範なエリアに独立したペンションが乱立する。このどこかに、噂の真相が。

インフォメーション

山の廃別荘ホテル　茨城県某所

怪異情報：正式名称は上高地別荘ホテル。過去にホームレスが遺体で発見されたといわれる茨城県内では有名な心霊スポット。

経年劣化が激しく探索は困難を極める

茨城県の某所にある廃ホテル。心霊スポットとして地元では知られている。噂によると、この場所でホームレスの遺体が見つかったのだとか。しかし、それ以外は目立った噂がないのも不思議な点である。今回ゾゾゾは、ホームレスの遺体が見つかったという噂の部屋を突き止めることを目的

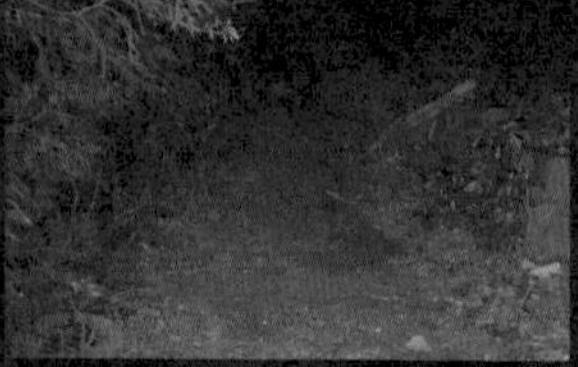

道なりに進んでいくと、道が二手に分かれている。さらに進むと、ペンションエリアに。

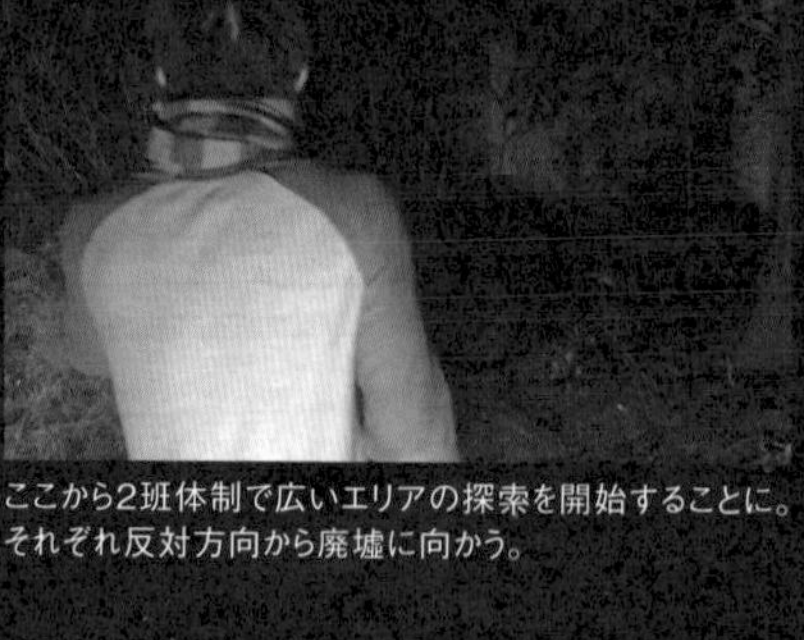

ここから2班体制で広いエリアの探索を開始することに。それぞれ反対方向から廃墟に向かう。

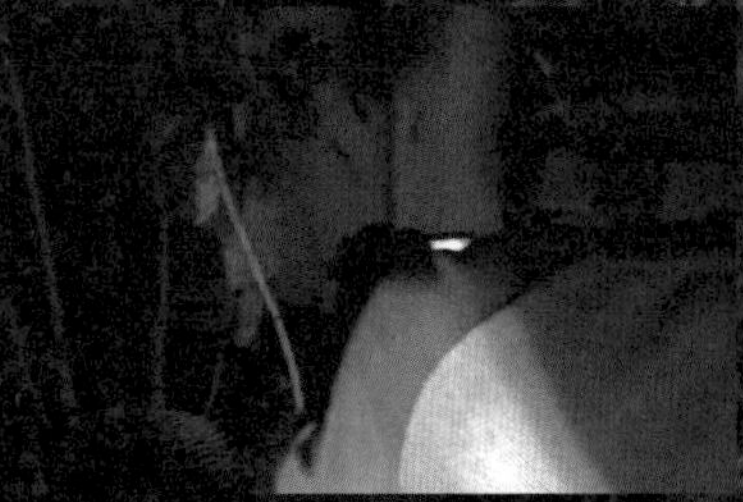

同じように倒壊しかけた廃屋を多数発見。この中から噂の一棟を見つけるのは至難の業だ。

廃墟となってからどれだけの時間が過ぎたのか…。完全に朽ち果てた廃屋が並び、退廃的な雰囲気が敷地に満ちている。

踏み込むと、その場の建材が崩れていく。噂の真相を求めて、危険な探索が続く。

寄りかかると崩れてしまいそうな朽ち果てた廃屋

に捜索する。荒れ放題の道を進むと、ほどなくして進行方向右手に廃屋が見えてくる。さらに奥へと進むと、廃屋が立ち並ぶエリアにたどり着く。あまりに範囲が広いので、落合・内田、長尾・皆口の2組にわかれて逆サイドから探索を進めていく。どの廃屋も、経年による劣化が激しく、ホームレスの痕跡を見つけることが難しい。天井をブルーシートで覆われた廃屋や、スロットマシーンなど、痕跡らしきものは見つかるが決定打に欠ける。そのとき、長尾が物音を耳にする。どうやら入り口付近にあった廃屋から聴こえてくるようだ。長尾と皆口は音のする方角に向けて進んだ道を戻った。

天井の穴をブルーシートが覆っていた。噂のホームレスが残した生活の名残なのだろうか？

天井のブルーシートは
ホームレスが残した
残留物か？

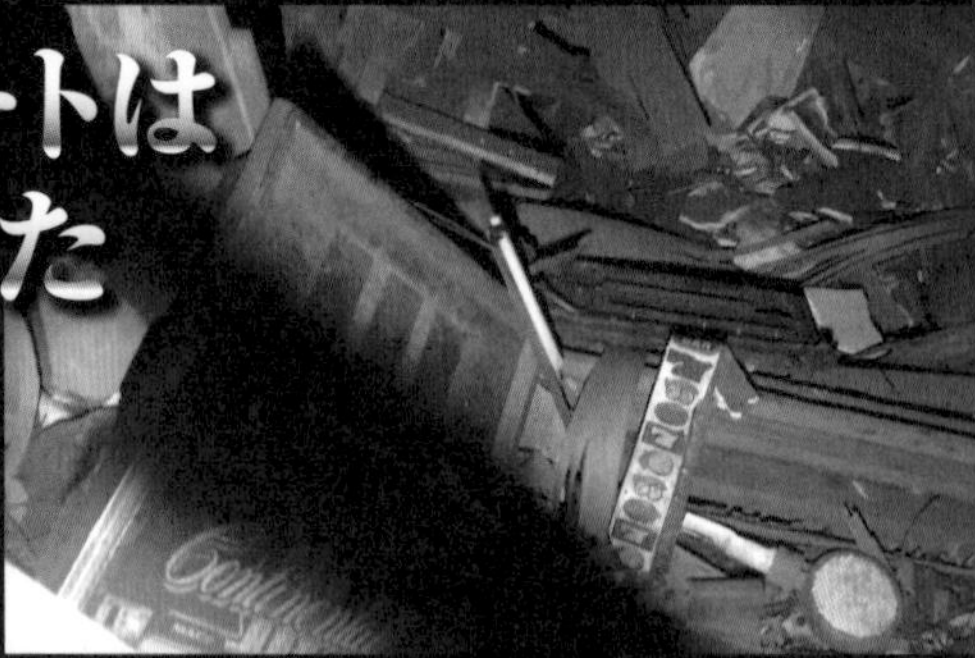

廃屋には似つかわしくないスロットマシーンの残骸。このとき、長尾が物音らしきものを耳にした。

入り口付近にあった廃屋。他の廃屋と比較すると、それほど経年劣化が進んでいない。

同じタイミングで、落合も音を聴いている。その方向は入り口にあった廃屋のあたりだ。

明らかに残された生活の残骸 うず高く積まれたゴミの主は？

生活していた者がいなければこれほどのゴミは出ないはず。やはりこの場所でホームレスが死んだ噂は本当だったのか？

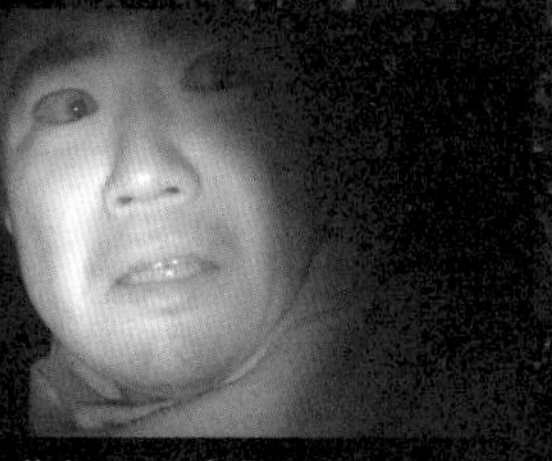

検証を避けたい落合は、この部屋は見なかったことにしようと内田に持ちかける。結果バレて検証をする羽目に。

脱ぎ捨てられた衣服が散らばる廃屋。ここもホームレスが生活していた一棟なのだろうか？

ゾゾゾゾゾ

ゾゾゾポイント 4.5

嫌だよ、この中に入るの
心霊とかじゃない気持ち悪さ

生々しく残る生活の残骸 ホームレスが暮らした跡か？

一方、反対側で探索を進める落合・内田組。こちらも激しく朽ち果てた廃屋の探索に悪戦苦闘していた。長尾が謎の物音を聴いたときとほぼ同じタイミングで、落合も物音を耳にする。こちらもそれを手がかりに歩みを進めると、どうにか住むことができそうな廃屋を発見。音を頼りに入り口付近の廃屋に足を踏み入れた長尾。他と比較して新しい廃屋で、脱ぎ捨てられた衣服を発見。状況を整理するために落合たちと合流することに。お互いの状況を説明するが、なぜか落合・内田の2人の口が重い。論より証拠ということで、落合たちが見つけた廃屋に全員で向かった。真新しい廃屋の中を確認するために長尾が足を踏み入れる。そこには、大量のゴミ袋がうず高く積み上げられていた。恐らく、この廃屋こそがホームレスの遺体が見つかった場所。落合はこの場での検証が嫌で、先ほど口をつぐんでいたのだ。責任を取って落合ひとりで留まり恒例の検証を行い、今回の探索は終了。

EPISODE 19

旧野木病院

呪われた廃病院で恐怖の実証実験

インフォメーション

旧野木病院（栃木県某所）

怪異情報：栃木県の三大廃病院のひとつに数えられる有名スポット。開業時は精神病院で、噂によると地下室があるらしい。

オープン予定だったケアハウスの看板。旧野木病院の跡地に建てられる予定だったのだろうか？

行く手を阻むような瓦礫に道をさえぎられながらも、先へ進むと巨大な廃墟が姿を現す。

瓦礫を超えた先に現れる白く巨大な廃墟

北関東の奥地に鎮座する不穏な噂が絶えない廃病院

栃木県某所にある廃施設、通称“旧野木病院”。もともとは精神病棟だったといわれ、地下室があると噂されている。その一方で、ここには、全身を白い布で覆ったカルト集団が出入りしているという目撃情報もあり、危険と隣り合わせのスポットである。場所の説明を受け、露骨に落合の表情

なぜか、そこだけが黒焦げになっている小部屋。ここで何が起きたのか？　そもそも何が目的の部屋なのか？

黒こげになった謎の小部屋を発見

内部に入ると、ますますその用途がわからない。あまりに狭く、圧迫感が落合を襲う。

焦げた小部屋の探索中、皆口が数人の話し声を聴いた。ここはカルト集団が現れるという噂もある。

明らかに部屋が燃えた後に取り付けられた竹の骨組み。何の目的のために取り付けられたのだろうか？

が曇るので、今回もスペシャルゲスト・長尾の登板とあいなった。建物へと近づいていく道中、道をふさぐように放置されている瓦礫を発見。「近づくな」という無言のメッセージが伝わるようだったが、それでもメンバーは歩みを止めない。ある程度道が開けたと思ったそのとき、唐突に建物が姿を現した。むき出しになったコンクリートの建物。荒涼とした空気感にメンバーの表情もこわばる。大きな施設ということで、まずは長尾・内田が上階、落合・皆口が1階と手分けして探索を開始した。長尾・内田が屋上へと指しかかったころ、落合・皆口は衝撃的な光景を目の当たりにする。

正体を悟らせないようにあらゆる痕跡が消された空間

もしこの場所が病院だったのならば、ベッドや医療器具などが残されているはずなのだが…。

この場所の正体を確かめるべく、互いに携帯を繋ぎっぱなしにして、再度探索を開始する。

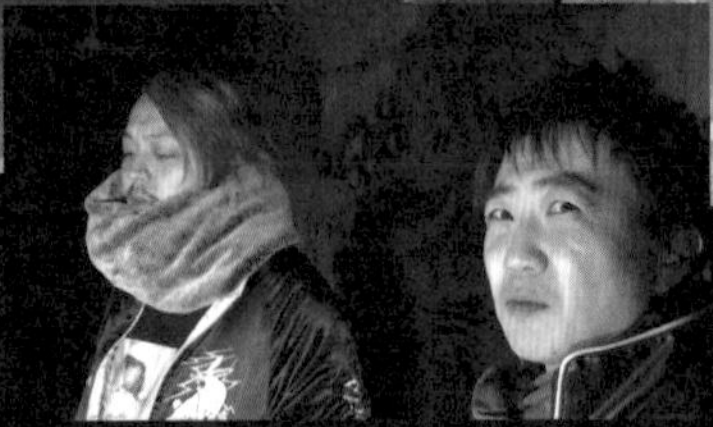

合流し、それぞれの状況を整理。全員の疑問は一致した。「なぜか、物や痕跡が一切ない」。

謎の焦げた部屋 人の声、ノイズ…

落合・皆口が探索を進めると、ある部屋の小窓から隣の部屋が見えた。その部屋は、無残にも黒焦げになっていた…。焦げた部屋に歩みを進めると部屋が燃えた後に取り付けられたと思われる、木製の骨組みを発見。誰が何のために…。探索を進めるうちに、メンバーに共通の疑問が沸いてきた。「ここは本当に精神病院だったのだろうか？」。というのも、探索を進めても、病院だったことを示す残留物がまるでないのだ。敷地に入る途中、老人ホームの看板があったが、何らかの理由で工事が中断した建物だったのだろうか？　なぜ、どのような理由で…。それを突き止めるべく、待機組と探索組に分かれ、電話をつなぎつつ施設を周回することに。長尾・内田が探索中、3階から降りてくるときに異変が起こった。電話にノイズ、いや声が混ざるようになったのだ。そして、長尾・内田は大量に靴が捨てられている部屋を発見。部屋の禍々しさに、早々に退散するメンバーだった。

再探索中に混じるノイズそして、人の声

上階から降りてくる長尾と更新している最中にノイズが混じり始め、人らしき声も聴こえるように。

脱ぎ捨てられた大量の靴。このあたりからノイズや人の声が激しく混戦するように。

危険を察知した落合の指示で、内部探索をしていた長尾・内田が引き上げることに。

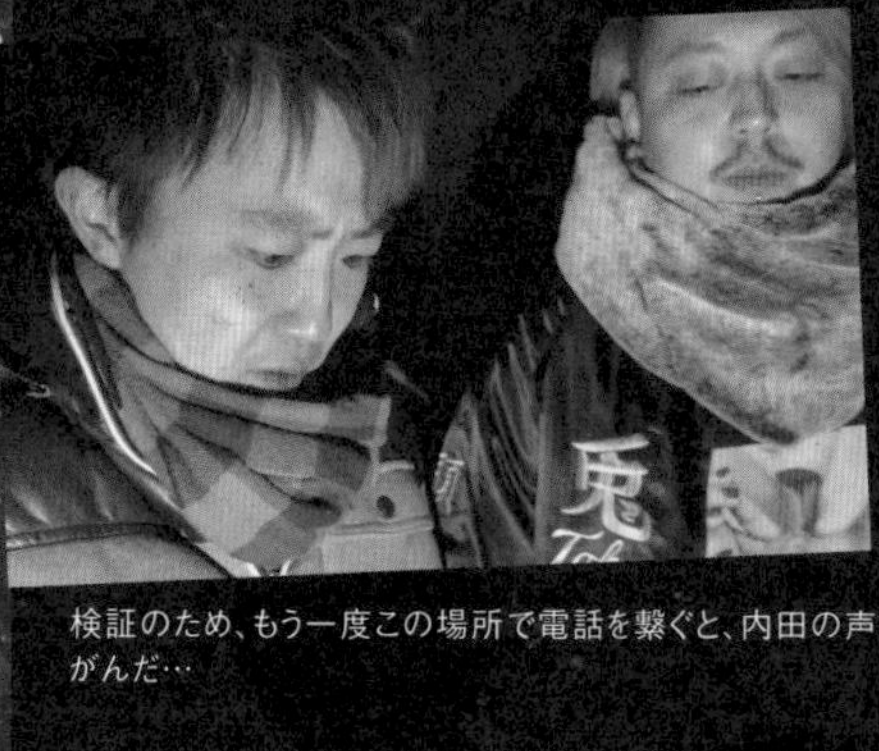

検証のため、もう一度この場所で電話を繋ぐと、内田の声がゆがんだ…

合流して、異変があった場所にメンバー全員で向かう。何者かが住んでいた痕跡が残る。

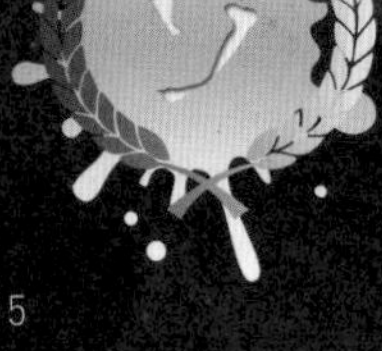

ゾゾゾゾッ

ゾゾゾポイント 4.5

やっぱり、あの声
何かがあったんだろうね

EPISODE 20

ジェイソン村

不穏な噂が絶えない廃村

侵入者に恐怖心を植えつけるバリケード

この高い塀を越えた先に、ジェイソン村があるのだという。敷地への侵入を拒む何者かの強い意志を感じる。

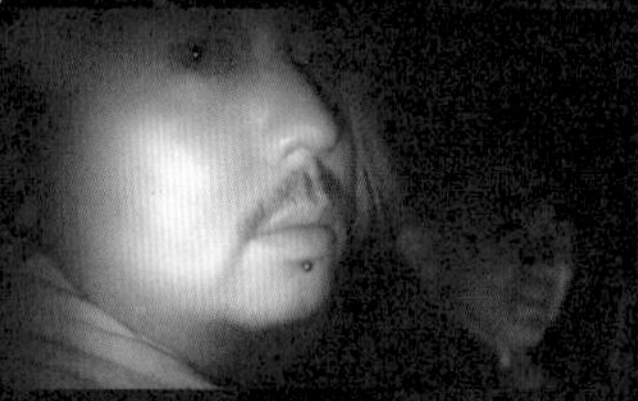

塀を越えると、行く先を示していた看板の残骸が出迎える。ここからいよいよジェイソン村が始まる。

道が分かれるので、落合・長尾組と内田・皆口組の二手に分かれて捜索を進めていくことに。

インフォメーション

ジェイソン村（神奈川県某所）

怪異情報：同じ名前のスポットは全国各地にあるが、ここはその元祖といわれている。惨殺事件、モーテルオーナーの自殺など凄惨な噂が絶えない。

廃屋が建ち並ぶ不気味なモーテル群

かつてモーテルのオーナーが自殺したという噂がある通称〝ジェイソン村〟。この名の心霊スポットは全国にあるが、ここがすべてのルーツといわれている。さっそく敷地内へ進むと、いかめしいフェンスがメンバーを待ち構える。フェンスの先では、道が上下二手に分かれる。落合・長尾チームは下へ、内田・皆口は上へそれぞれに探索を進める。落合・長尾がまず見つけたのは、2階建ての木造の廃屋。さっそく調べてみると、不審な点が浮かび上がる。この建物、内も外も、2階へ上るための階段がないのだ。その頃、草木がうっそうと生い茂る道を登る内田・皆口。もはや道とはいえない坂を登り続ける二人。何も発見できないかと思ったそのとき、草木の向こうに廃屋が姿を現した。ここには、廃屋が3軒並んでいた。2軒目の廃屋に侵入すると、「モーテルシルク」と書かれた板を発見。「モーテルのオーナーが自殺した」。噂の場所はここなのか？ 内田と皆口に緊張が走る。

屋内、周囲をいくら探索しても2階へと続く階段が見当たらない。なぜ、このような構造なのだろうか?

落合・長尾組が道を下っていくと、木造2階建ての廃屋が見つかった。経年が激しくいたるところが崩れている。

一方、内田・皆口が道を上がっていった先に、廃屋が浮かび上がる。ここが、惨劇の舞台になったのだろうか?

惨劇の現場になったと思しき廃屋が宵闇に浮かび上がる

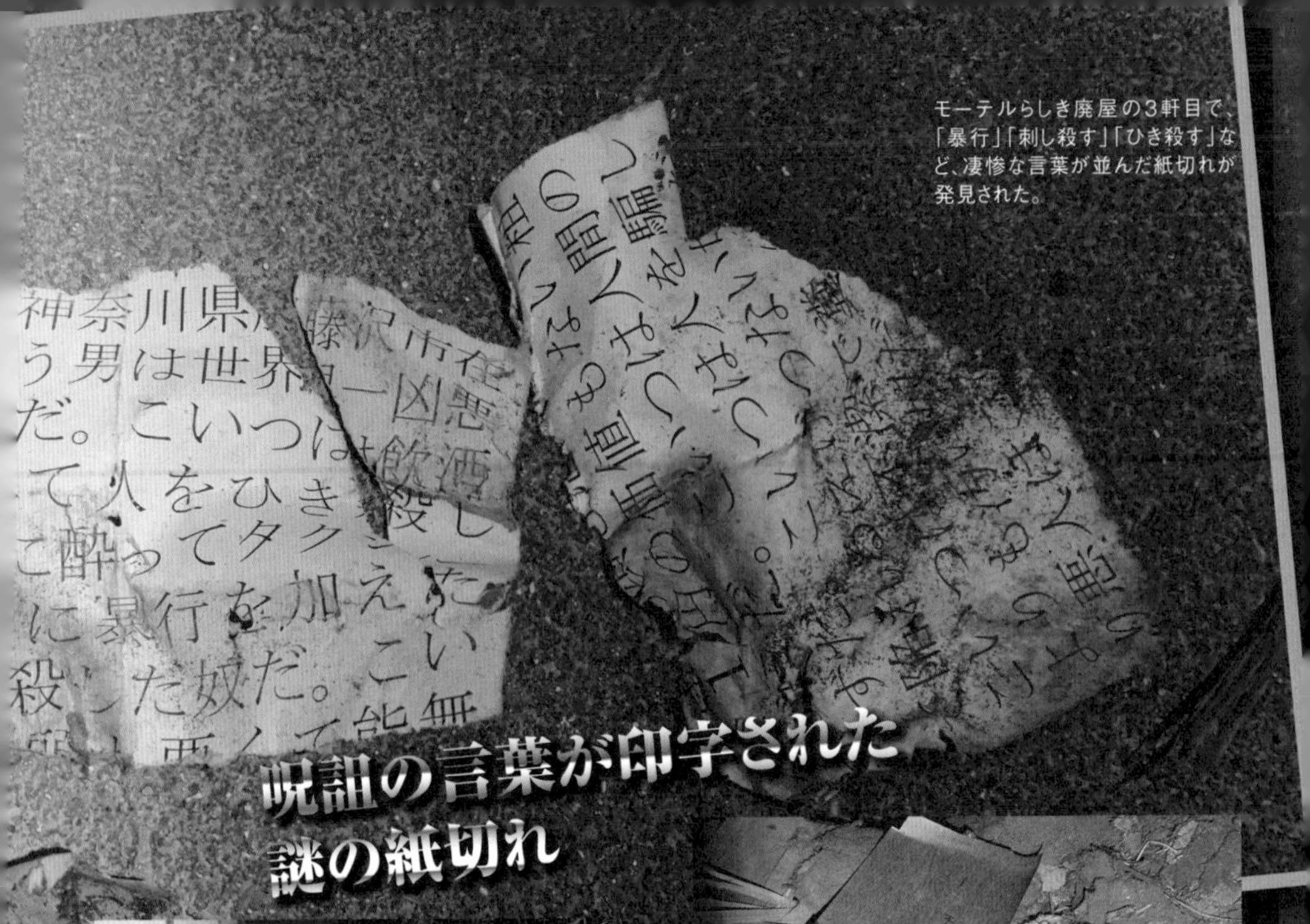
神奈川県
藤沢市在
う男は世界
一凶悪
だ。こいつは
飲酒
殺した奴だ。

モーテルらしき廃屋の3軒目で、「暴行」「刺し殺す」「ひき殺す」など、凄惨な言葉が並んだ紙切れが発見された。

呪詛の言葉が印字された謎の紙切れ

3軒目の廃屋で、内田の様子が一変。ここで、呪詛の言葉が書かれた紙切れも発見されている。

内田・皆口の2人が発見した廃屋には、「モーテル」と書かれた板が放置されていた…。

頻発する不審な出来事 自殺の噂は本当だった？

3軒目に入ると、さらに空気は不穏さを増す。ここで内田が皆口を外に連れ出す。外に出ると、ちょうど下部の探索を終えた落合・長尾が合流。「入ってしばらくしてからすごい気持ち悪くなった」と内田。本能的な危険を感じたのか、皆口を外に連れ出したのだという。内田の発言を受けて、落合・長尾の二人も確認することに。生活の臭いに違和感を覚えつつも探索を続けていると、長尾がヒーターのあたりから紙片を見つけた。そこには「刺し殺す」「人を騙して」「殺人者」など、凶悪な文言が並ぶ。突然の事態に、いったんその場を離れるメンバー。そのとき、内田が外の茂みに人の気配を感じ取った。その方向に向かうメンバーたち。そこは空き地のようになっており、建物の基礎部分と思われる残骸や、階段などを発見。そして、開けることがはばかられる「ある物」が見つかった。見た目には骨壷と思われるその物体は、開けられることなく、この日の探索は終了した。

過去の残骸が散らばる謎の広場へ

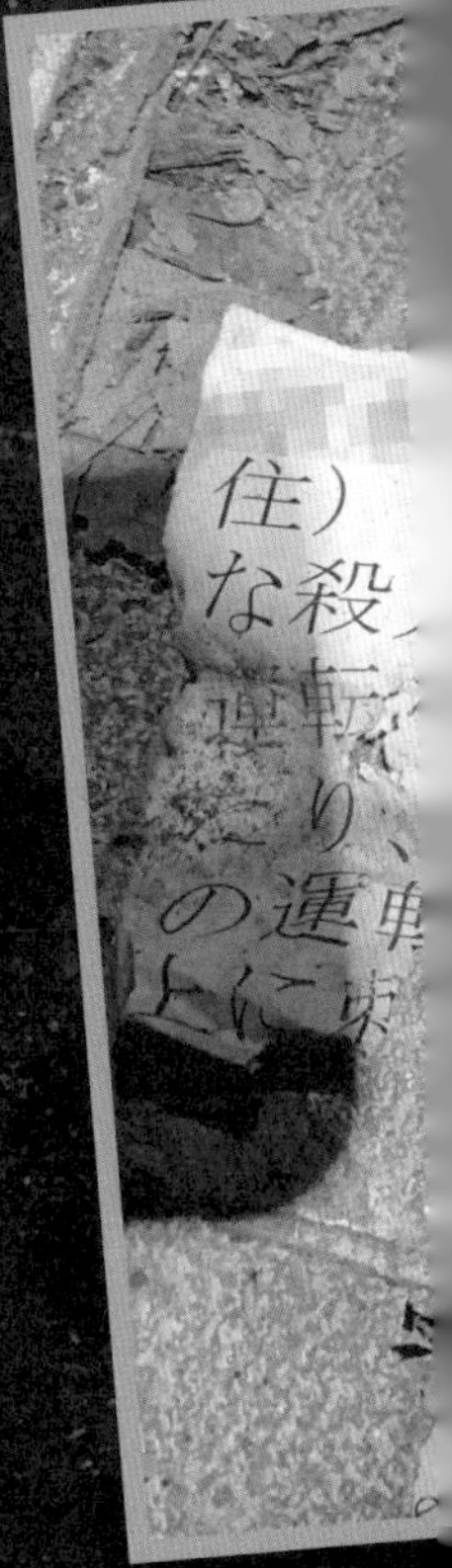

合流し、さらに上方に向かって歩みを進める。拓けた場所に出ると、そこには階段らしき残骸が…。

恐らく、建造物の残骸と思しき石片。この場所には過去の記憶が無数に散らばっていた。

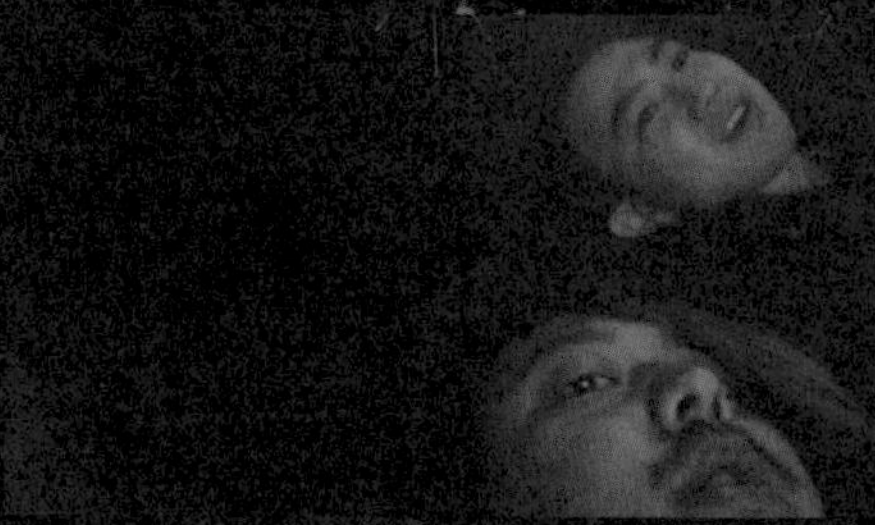

ここで落合が何かに躓いた。そこには、口に出すことが憚られる、ある物体が…

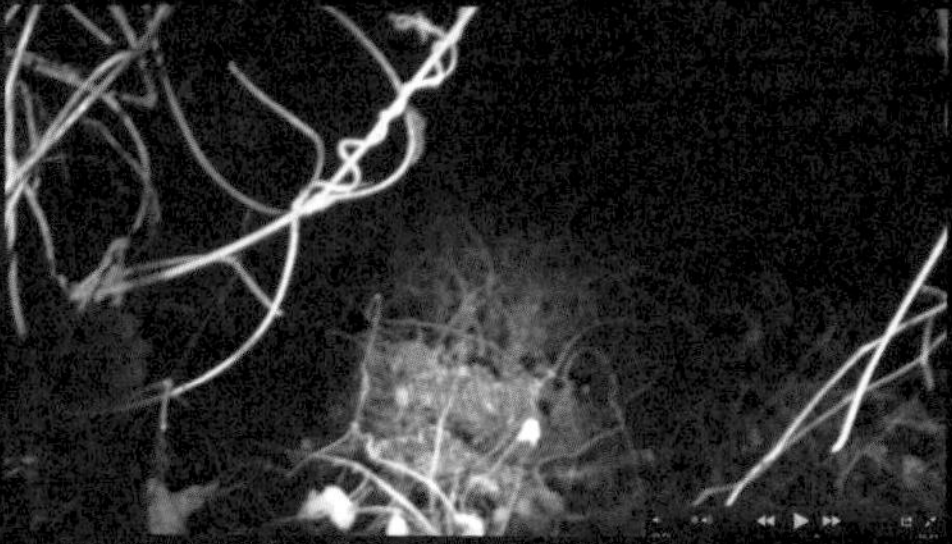

外に出た内田が、茂みのほうから人の気配を感じ取った。彼ら以外の何者かが潜んでいるのだろうか？

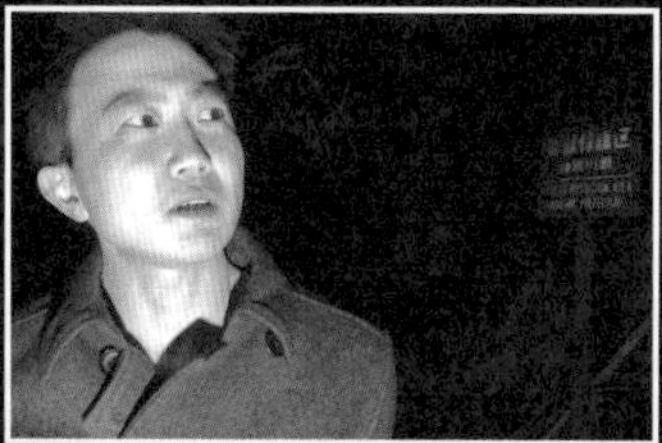

ゾゾゾゾゾ

ゾゾゾポイント 4.5

今まで行った中では
一番険しかったんじゃない？

EPISODE 21

信州観光ホテル

中部地方最大級の心霊テーマパーク

インフォメーション

信州観光ホテル（長野県千曲市）

怪異情報：解体・増設を繰り返し増殖するように巨大化した廃ホテル。その規模は中部地方最大で、「恐怖の迷宮」とも呼ばれている。

アメーバのように肥大化した魔の空間

闇に浮かび上がる巨大な物体。これほどの規模感のスポットに挑むのはゾゾゾも初めてのことだ。

元のホテルから横に増築を重ね、まるで生き物のように増殖していった。その巨大さには畏怖の念を覚える。

建物の外には取り壊し中に出た資材が積まれている。これほどの規模になると、とてつもない存在感だ。

残留物も規格外 山脈のように 積まれた資材

あまりに広大なエリアを探索するため、今回も2班体制で探索することに。長尾・内田と落合・皆口に分かれて探索開始。

落合・皆口が食堂らしきスペースを探索していたとき、周囲は異様な雑音で騒がしい状態だった。

建物内部に入り、その規模に改めて驚愕。まるであの世へ続いているかのような廊下が延々と続く。

異質な巨大さでゾゾゾを圧倒する廃ホテル

まるでアメーバのように増改築を繰り返した結果、中部地方最大級の廃墟となり、全国屈指の肝試しスポットとして知られるようになったのが、今回ゾゾゾが探索する信州観光ホテルだ。２０１８年から解体工事が始まったが、その作業はなぜか途中で中断されたまま放置されている。一部のホラーファンの間では、〝恐怖の迷宮〟と恐れられるこの場所で、ゾゾゾはついに「恐ろしいもの」をカメラに収めてしまう。ゾゾゾファーストシーズンを締めくくるに相応しい未曾有の恐怖、その一部始終をご覧いただこう。

いつも通りオープニングトークから撮影をスタートするが、違和感がぬぐえない。背後にある建造物が巨大すぎるのだ。近づくほどに、その巨大さに圧倒される。廃墟によくある取り壊しで出た廃材の量も、規格外。まるで文明崩壊後の世界のようだ。建物内部に入ると、奥が見通せないほど長大な廊下へとたどり着く。ここから本格的な探索がスタートする。

廊下の暗がりの奥に黄泉の世界の住人らしき人影が…

廊下の突き当たりは外に通じているはずだが…そこにはコートを着た男性らしき人影が！　とうとうゾゾゾは心霊の姿をとらえた。

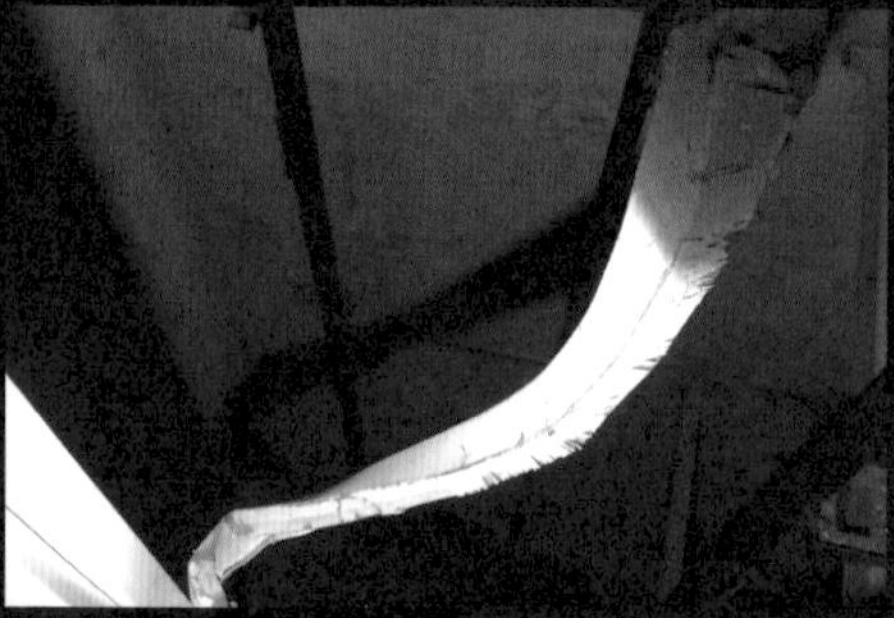

霊が立っていたと思しき場所は踏み入れるのが危険な足場。黄泉の世界へ誘っていたのか？

改めて廊下の奥を照らすが、そこには何者もいなかった…。そこにいたのはやはり霊か？

迷宮で次々に起こる恐怖の現象の数々

落合・皆口の二人が食堂らしきスペースにたどり着くと、なぜか周囲は謎の雑音で包まれていた。二人の捜索には、この後も「音」がまとわりついてくる。さらに館内の探索を進める落合・皆口が廊下の突き当たり近くに差し掛かったとき、それは起こった。以前は非常階段だったと思しき突き当たりは壁が崩れ、外が丸見えになっている。奥をライトで照らした瞬間、そこには不自然な男性らしき姿が…。改めてライトで照らすと、そこには外の木々が見えるばかり。近づいてみると、階段が滑落し、人が立てるような場所はなかった。さらに別館へと歩みを進めると、そこでも赤ん坊の泣き声にも聞こえる物音が鳴り響いていた。一方、別フロアの探索を進めていた長尾・内田の二人。突然、内田の照明が故障してしまった。これ以上の探索は不可能となり、落合・皆口と合流することに。照明が落ちて周囲が暗闇に包まれた瞬間、カメラに床が発光する謎の現象が映りこんでいた…。

客室からは物音なのか、それとも赤ん坊の泣き声なのか…謎の怪音が響き渡る。

本館と思しきエリアは比較的片付いていたが、別館に入るととたんに雑然とし始める。

床が抜け、いつ滑落してもおかしくない別館。危険な探索が続く。

ただ巨大なだけではない！ゾゾゾを襲う怪異現象の数々

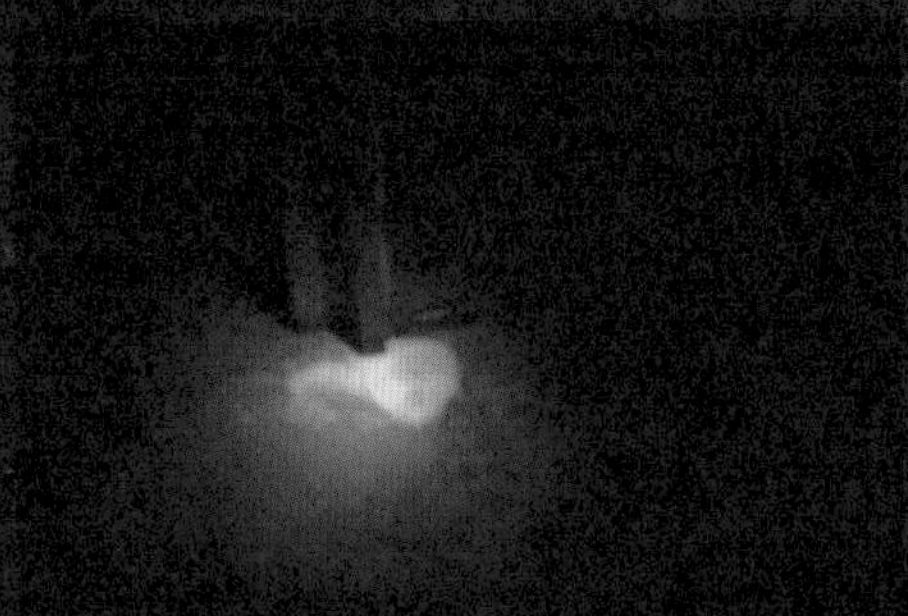

内田がカメラと止めるその瞬間、床が発光。この現象が意味するものとは？

探索中に内田の照明が原因不明の不調状態に。これ以上の探索は困難と判断し、落合・皆口組と合流することに。

ゾ ゾ ゾ ゾ ゾ

ゾゾゾポイント 5.0

よくわからないことが
山盛りで起きて…

ゾゾゾが選ぶ

世界の実録事件簿 怪事件編

医療の先端技術の開発の裏で行われていた人体実験、現代を生きる食人族、大勢の信者を無理心中に巻き込んだカルト教団の教祖。世界では、まるで映画のような出来事が起きている。あなたの想像力を打ち砕く、怪事件をご紹介。

ZOZOZO CASE FILE
01

犠牲者800名以上「ウィローブルック事件」

事件の要点

▼1956年〜72年にかけて、アメリカの知的障害施設において肝炎研究が行われた。
▼被験者は知的障害を持つ子供達で、研究のため意図的にウイルスに感染させられた。
▼実験は成功を収めたものの、結果として800名以上が命を落とした。

ソール・クルーグマンは、B型肝炎のワクチンを開発し1983年にアメリカ医学会最高の賞とされる「ラスカー賞」を受賞した医学会のヒーローである。彼の研究成果は世界か

ZOZOZO CASE FILE
02

観光客がディナーに?「カイオイ族」

事件の要点

▼フランス領ポリネシアのヌクヒバ島でドイツ人カップルが襲われた。
▼カップルの女性は難を逃れたが、男性は失踪し行方不明となった。
▼男性は人食い部族「カイオイ族」に食べられた可能性が高いといわれている。

2011年、フランス領ポリネシアのヌクヒバ島で、観光に訪れていたドイツ人カップルのラミン(男性)とドルシュ(女性)の2人を悲劇が襲う。2人は、アンリ・ハイチという地元ガイドを

ら称賛され、それによって多くの命が救われた。しかし、彼のこの功績の裏では、800名以上の知的障害者が実験台に使われ、死にいたらしめられていたのだ。この戦慄の人体実験は、なんと16年にも渡って行われていた。

クルーグマンは、A型肝炎とB型肝炎の識別に初めて成功したが、その研究の場として用意されたのが、ニューヨーク州スタッテン島にある国営の知的障害児施設、ウィローブルック州立学校であった。この学校には、IQ20以下の重度知的障害児ばかりが入所しており、クルーグマンの研究チームは、彼らに対し人為的に肝炎ウイルスを感染させる人体実験を行っていたことがわかっている。

1972年、施設の元関係者の告発によって、この事実が明らかになった。

雇っていた。ラミンはハイチと共に森の中へ狩りに出かけたが、しばらくするとハイチだけが戻ってきた。「事故が起こり、ラミンさんが助けを求めている」。驚いたドルシュはハイチと共に助けに行こうとするが、突如、ハイチはドルシュを鎖で木に縛り、性的暴行を行おうとした。ドルシュさんが持っていたアラームを鳴らすと、彼は逃げていったという。

ドルシュは自力で脱出し、すぐに警察が駆けつけラミンの捜索が開始された。

1週間以上に及ぶ捜索の結果、焚き火の跡の中から人間の骨と歯、そして溶けた金属片が発見された。この状況から、「ラミンは何者かによって焼いて食べられた可能性が高い」と結論づけられた。

ハイチは人食い部族「カイオイ族」である可能性が非常に高いと言われている。

ZOZOZO CASE FILE 03

史上最悪の集団自殺「人民寺院事件」

事件の要点

▼人民寺院は若者や黒人、お年寄りなど社会的弱者を救済していた。
▼創設者のジム・ジョーンズは時代のヒーローだった。
▼脱会者の告発により、人民寺院の裏の顔が明るみになった。
▼1978年、900名以上が殺人または集団自殺によって命を落とした。

1956年、創設者ジム・ジョーンズによって人民寺院の歴史は始まった。人民寺院は平和主義を掲げており、貧しい人々に住居や食事、仕事を与えていた。その功績にメディアも飛びつき、ジョーンズは時代のヒーローとなっていた。ところが、教団の巨大化にともない、脱会者による告発が報じられる。人民寺院の内情は、差別・性暴力・拷問に支配されていたのだ。身の破滅を悟ったジョーンズは、1974年、1,000人近い信者と共に南米のガイアナに移住し、自給自足の共同生活を始める。1978年、米下院議員のレオ・ライアンが調査のために現地を訪れるが、同行したジャーナリスト3名、教団離反者と共に人民寺院の銃撃に遭い殺害された。そしてその日の夕方、ジョーンズは集会を開き、毒物による集団自殺を図った。死者は900名を超えた。その中には無理やり自殺を強要された者、逃げ出そうとして銃殺された者などもおり、およそ300名は他殺だとする説もある。ジョーンズ自身は拳銃自殺によってその生涯を終えた。

あとがき

いかがだっただろうか。彼らが訪れた場所のほとんどには、どこか情念のようなものが存在しているのかもしれない。それは時に悲しみであったり、憎しみであったり、あるいは愛情のようなものであったりするかもしれない。

心霊スポットには、それぞれそう噂される理由がある。それは嘘が発展したものもあれば、実際に悲劇が起きた場所もあり、その真実を知ることはできない。本書を通じて、彼らが感じた恐怖や想いが伝われば幸いである。

「ゾゾゾはあくまでホラーエンターテインメント。」だとディレクター皆口は言う。「ゾゾゾを通して、ホラーはこんなにも面白いんだ!」と思ってもらうことこそが彼の願いであり、ゾゾゾを続ける理由になっている。ホラーエンターテインメントという、唯一無二の存在である彼らの今後の活躍に期待したい。

※本書に掲載されている写真は一部、視聴者の方よりご提供いただきました。

BOOK STAFF

編　集　坂尾 昌昭、小芝 俊亮、山口 大介（株式会社G.B.）
デザイン　山口 喜秀（Q.design）
D　T　P　G.B. Design House

最《さい》恐《きょう》心《しん》霊《れい》スポット
ゾゾゾが体《たい》験《けん》した禁《きん》断《だん》の恐《きょう》怖《ふ》

2020年8月10日　第1刷発行

編　者　日本文芸社　〈ゾゾゾ特別協力〉
発行者　吉田芳史
印刷所　株式会社 光邦
製本所　株式会社 光邦
発行所　株式会社日本文芸社
〒135-0001　東京都江東区毛利2-10-18 OCM ビル
TEL 03-5638-1660［代表］

内容に関する問い合わせは、小社ウェブサイト
お問い合わせフォームまでお願いいたします。
URL https://www.nihonbungeisha.co.jp/

Printed in Japan 112200720-112200720 Ⓝ 01 (130004)
ISBN978-4-537-21817-6
編集担当　岩田